中国博士后科学基金资助项目（2017M611521）

中国农村土地现实问题研究丛书

农村土地产权交易市场现状与对策

——基于吉林省的研究

The Current Situation and Countermeasures of the Rural Land Property Rights Exchange Market

—Based on the Study of Jilin Province

兰 玲 李 清 王金娟◎著

经济管理出版社
ECONOMY & MANAGEMENT PUBLISHING HOUSE

图书在版编目（CIP）数据

农村土地产权交易市场现状与对策——基于吉林省的研究/兰玲，李清，王金娟著．—北京：经济管理出版社，2018.4
ISBN 978－7－5096－5738－6

Ⅰ．①农…　Ⅱ．①兰…　②李…　③王…　Ⅲ．①农村—土地产权—交易—研究—吉林
Ⅳ．①F321.1

中国版本图书馆 CIP 数据核字（2018）第 066044 号

组稿编辑：王光艳
责任编辑：许　兵
责任印制：黄章平
责任校对：董杉珊

出版发行：经济管理出版社
（北京市海淀区北蜂窝 8 号中雅大厦 A 座 11 层　100038）
网　　址：www. E－mp. com. cn
电　　话：（010）51915602
印　　刷：北京玺诚印务有限公司
经　　销：新华书店
开　　本：720mm×1000mm/16
印　　张：10.5
字　　数：159 千字
版　　次：2018 年 5 月第 1 版　　2018 年 5 月第 1 次印刷
书　　号：ISBN 978－7－5096－5738－6
定　　价：58.00 元

序　言

党的十九大报告指出，实施乡村振兴战略，建立健全城乡融合发展体制机制和政策体系，加快推进农业农村现代化；深化农村土地制度改革，构建现代农业产业体系、生产体系、经营体系，发展多种形式适度规模经营，培育新型农业经营主体，促进农村第一、第二、第三产业融合发展。在推进农业供给侧结构性改革的过程中，农村土地流转则必然成为主要抓手。

发展农村产权交易市场是合理整合农村资源，促进农村综合配套改革的有效措施。农村产权交易市场是为各类农村产权依法流转交易提供服务的平台，包括现有的农村土地承包经营权流转服务中心、农村集体资产管理交易中心、林权管理服务中心和林业产权交易所，以及各地探索建立的其他形式农村产权流转交易市场。本书主要以农村土地产权交易市场为对象来展开研究，在理论研究的基础上，对国内外农村土地产权交易市场进行多重经验比较分析，深入探讨吉林省建设农村土地产权交易市场的条件与障碍，提出吉林省农村土地产权交易市场建设的技术实现方案和对策建议。

本书由一些青年老师撰写，在写作过程中参阅了大量资料，虽然在文中列出了注释和参考文献，但难免有所疏漏，在此向所有参考资料的作者一并表示感谢。在写作过程中，虽然我们尽了最大努力，力图合理分析吉林省农村土地产权交易市场现状，并提出有效的解决方案，但由于能力和水平有限，还存在一定不足，恳请各位专家和读者不吝赐教，万分感谢！虽然我们是站在“巨人”的肩膀上开始的创作，但结果有可能令所有“巨人”失望，只希望我们的成果能够对相关问题的研究或实践有一点点的参考意义，我们就觉得幸福无比了，在本领域的研究中，我们依然是小学生，我们将继续虚心勤奋学习、不断进步！

2018 年 5 月

目　录

第一章

吉林省建设农村产权交易市场的时代背景和理论依据

第一节　吉林省农村产权交易市场体系建设的时代背景

改革开放以来，伴随着经济体制改革的逐步推进，我国农村面貌发生了深刻的变化，农业产业化水平不断提高，农民负担大幅度减轻，收入水平有所增加。改革开放的成果已经惠及广大农村地区。然而，经济体制改革在带来经济增长的同时，也扩大了城乡之间的收入差距，城乡二元结构严重阻碍了农村经济的发展和农民收入水平的提高。农村要发展农业是关键，而农业主要依托于农民所拥有的土地，土地归属不清便成为阻碍经济发展的主要障碍。农村经济的市场化程度低，市场机制没有成为农村要素资源配置的主导力量，农业现代化程度低、城乡二元结构等问题还没有得到根本性改观，成为制约农村经济发展的重要因素。为此，党和政府开始了不同程度的产权制度改革，不断摸索解决农村土地产权交易中存在的问题。

2003 年，党的十六届三中全会通过的《中共中央关于完善社会主义市场经济体制若干问题的决定》指出，产权是所有制的核心和主要内容；建立“归属清晰、权责明确、保护严格、流转顺畅”的现代产权制度是完善基本经济制度的内在要求。集体经济是我国公有制经济的重要组成部分，是我国广大农村的主要经济组织形式，它对于农村发展和农民共同富裕具有重要影响。2008 年 10 月 12 日，党的十七届三中全会明确提出：要“加强农村土地承包经营权流转市场管理和服务，建立健全土地承包经营权流转市场”“逐步建立城乡统一的建设用地市场，对依法取得的农村集体经营性建设用地，必须通过统一有形的土地市场、以公开规范的方式转让土地使用权，在符合规定的前提下与国有土地享有平等权利”。2011 年 11 月 8 日，以深化农村产权制度改革，促进农村要素市场发展为主题的全国首届农村产权交易研讨会在北京举行，旨在探讨如何深化农村改革，培育和发展农村产权市场，促进农村生产要素流动和优化组合，引导社会资本有效参与社会主义新农村建设，更好地发展壮大集体经济，促进农民增收，加强政府对农村产权市场平衡健康发展的扶持与监管。

2013 年，党的十八届三中全会提出，“赋予农民更多财产权利，推进城乡要素平等交换和公共资源均衡配置”，“建立农村产权流转交易市场，推动农村产权交易公开、公正、规范运行”。农村产权交易所成为平等交换的媒介。2014 年中央一号文件明确了深化农村土地制度改革的重点，紧紧围绕确地、确权，坚持赋能、放开，深入推进农村产权制度改革。2015 年 1 月，中共中央办公厅和国务院办公厅联合印发了《关于农村土地征收、集体经营性建设用地入市、宅基地制度改革试点工作的意见》，这标志着我国农村土地制度改革将进入试点阶段。文件内容主要从完善土地征收制度，建立农村集体经营性建设用地入市制度，改革完善农村宅基地制度，建立兼顾国家、集体、个人的土地增值收益分配机制，合理提高个人收益四个方面提出了相关要求。从文件中可以看出，土地制度改革已经成为社会共识，是我国经济体制的重要组成部分。2015 年 8 月，《国务院办公厅关于加快转变农业发展方式的意见》（国办发〔2015〕59 号）指出，要推进多种形式的农业适度规模经营，引导农户依法采取转包、出租、互换、转让、入股等方式流动承包地。这对农村产权交易市场体系的构建具有重要的指导意义。

总体来看，目前我国农村的集体产权制度改革还处在探索试点阶段，还需要不断接受实践的检验。2008 年，成都市在农村产权制度改革试点的基础上，探索形成了许多有效的做法和创新的举措，率先在全国成立农村产权交易所，开展产权交易、技术与资本结合、投融资服务等多功能的综合性服务，成都农交所的成立在国内外引起了广泛的关注，现在全国已有十多个省有效地整合了同类的交易资源，成立了地区性的农村产权交易机构，还有许多县市，乃至乡镇以农村土地承包经营权流转服务中心或者农村集体三资服务中心为依托，建立健全农村土地承包经营权流转和农村集体资产发包、出租和村级公共资源配置和交易。

在农村经济改革中，土地确权是基础，流转交易是重点，增值收益是目标。要实现价值的提升，农村产权交易需要信息在全国范围内扩散和传播。要逐步形成成熟的市场，达到一个完善的市场体系。建立城乡一体化的产权交易市场，特别是国有建设用地和集体建设用地的交易市场，实现城乡的同地、同权、同价。细分市场，完善平台建设，理顺各种关系，完善服务体系，做到规范，在法律的框架内从事工作。在全国范围内规范交易流程和规则，这样可以形成全国统一的市场体系。破除城乡二元结构、形成城乡经济社会发展一体化的新格局。同时，农交所应该充分发挥本地区优势，整合各方资源，建立信息共享机制，建设一个覆盖全国的、涵盖所有农业要素的，开放的农村要素流转信息服务平台，以完善农村要素流转信息服务市场为宗旨，以合作共赢为原则，推动农村要素流转市场健康发展，促进生产要素在城乡之间自由流动。

第二节　相关概念

一、所有权、所有制及所有权结构

1. 所有权

所有权概念由来已久，从纵向和横向的角度来看，由于在不同时期及不同国家其差异巨大，很难泛泛地从一般意义上下定义。所以本书所采纳的所有权定义是从现代的意义上，并结合我国现状进行概括的。

从我们现有的研究成果来看，对所有权所下的定义非常多，简要列举一些具有代表性的观点如下：

有观点认为：所有权即一定的人对一定的外界对象施行占有行为的权利。既然占有行为的本质是收益行为，那么，所有权的本质就是取益权，即一定的人在一定的外界对象身上获取利益的权利。① 这种观点认为，所有权人对所有物有支配和取益两种关系，支配包括占有、使用、处分和经营等一切将人的意志施加于物的行为；而取益则包括一切从占有对象上取得孳息和效用的行为。还有一种观点认为，所有权是指财产所有人依法按照自己的意志，通过对其所有物进行占有、使用、收益和处分等方式，独占性支配其所有物并排斥他人非法干涉的永久性权利，② 持这种观点的学者主要为民法学者。

黑格尔认为，所有权本质上是自由的、完整的所有权。③ 另外，我国学者对所有权有一个经典定义为："所有权是一个特定的人（所有权人）对一个特定的物的支配关系，根据该法律关系，所有权人可以对物随意地处分，并排斥他人的干涉。"④ 也有很概括的定义，有学者认为所有权，指在法令限制范围内，对于所有物为全面的支配的物权。⑤ 当然，除此之外，还有很多没有列举的定义。限于篇幅，本文中无法一一提到。但是对这些定义我们可以从形式上进行分类分析。

在传统民法当中，所有权有两种典型的定义模式。一种是概括主义，就是从抽象的角度上进行定义；另一种是列举主义，通过列举各项权能，揭示所有权的本质权能。⑥ 这两种定义方式各有长处，概括主义能够从更高的层次上进行定

① 李笠农．所有权新论［J］．财经问题研究，1988（10）：32－35．

② 焦武峰，桑轶儒．论所有权的社会性［J］．湖南省政法管理干部学院学报，2002，18（2）：27－29．

③ 萧诗美．黑格尔的所有权理论及其对马克思的影响［J］．马克思主义哲学研究，2009：167－185．

④ 孙宪忠．德国当代物权法［M］．北京：法律出版社，1997：173－174．

⑤ 陈华彬．物权法原理［M］．北京：国家行政学院出版社，1998：188．

⑥ 李锡鹤．所有权定义形式之比较——与梁慧星先生商榷［J］．法学，2001（7）：24－28．

义，这样的定义涵盖性更强，更能适应社会的不同变化和发展，特别是能够涉猎不同时期背景下的不同的所有权定义的内涵；而列举式则显得清楚明了，对于具体应用和理解所有权有着更好的作用。①

我国在《民法通则》当中对于所有权的定义采取的是列举式，简单明了：财产所有权是指所有人依法对自己的财产享有占有、使用、收益和处分的权利。以梁慧星为代表的学者们对于这种列举式的定义方式提出了质疑，其主要理由是列举主义会混淆所有权本身和所有权作用的界限；而且列举主义虽然列举了这些权能，但对所有权的权能分离下所有权不受影响并没有提出有力的解释。② 所以，概括主义受到了众多学者的关注和支持，而且在国外的立法中也有许多是以概括主义的方式进行的规定。但是概括主义也受到了我国一些学者的反对，如学者李锡鹤就认为，尽管概括主义坚持认为所有权的内容无法穷尽，但是这么多年以来概括主义始终未能列举出这四项权能之外的所有权应该具备的积极权能，而且如果没有额外的权能的话，就可以认为从实质上列举主义和概括主义并没有区别。③ 学者韩松认为，具体列举主义的定义方法混淆了所有权本身和所有权的权能或作用的指责并不恰当，而且概括主义对列举主义的许多批评并不是正当和充分的，存在着许多的误解和误读。具体列举主义定义更符合人们在民事生活事实中对物的所有关系，以及人们对所有权经验的认识，便于人们具体理解和把握所有权的本质。因此，列举四项权能的传统做法是可取的。④

当然，在我国《物权法》中，最终也并没有进行具体的定义，而是采取了较为折中的办法，单纯列举了所有权的权能。“所有权人对自己的不动产或者动产，依法享有占有、使用、收益和处分的权利”。笔者认为这种争论本身对所有权并没有根本意义上的重要影响，任何一种定义方式都是人们对事物本身的尝试

---

① 也有学者试图整合上述两种定义方式，而提出了“所有权是权利主体依法自由支配标的物并享有标的物归属权的物权。”参见：龙翼飞，杨建文．论所有权的概念．法学杂志，2008（2）：70－73. 但是，这样的定义方式在客观上仍然难以脱离概括主义的嫌疑，所以笔者认为这种中间道路的尝试并不成功。

② 梁慧星．中国物权法研究［M］．北京：法律出版社，1998：226.

③ 李锡鹤．所有权定义形式之比较——与梁慧星先生商榷［J］．法学，2001（7）：24－28.

④ 韩松．论所有权的定义方法［J］．甘肃政法学院学报，2007（92）：1－9.

性的把握，由于事物本身的复杂性，加上人们认识能力和概括能力的有限性，没有任何定义是真正能够完全让人满意的，这也是正常的。但是，这样的争论过程本身却是人们逐步接近真理的过程，所以对于具体采取哪种方式来概括并不那么重要，关键是看哪种方式可能更加符合人们的需要。我国在《民法通则》中的选择，尽管有其特定的背景，但是在这么久的发展过程中来看，并没有对社会造成任何的“不适”，所以至少可以认为这种列举式的概括仍然是可以考虑沿用的。在我国所有权观念并不够深入的情况下，列举式的定义也许是更易于被普通民众所接受的。而且，笔者一直认为，任何时候都不能忽视传统和习惯的力量。列举式的定义已经深入人心，在未能确证这种定义的不足已经达到了让人“无法忍受”的程度之前，沿用它也许是较为明智的选择。所以，笔者认为在目前我们仍然可以使用民法通则中的所有权定义。

2. 所有权与所有制

所有权和所有制的关系，是一个争议较大的问题。所有权是指在法令限制范围内，对于所有物有全面支配的物权。所有权是民法中物权部分的核心权利，它具有全面性、整体性、弹力性、恒久性、观念性等性质，同时从内容上具有占有、使用、收益、处分这四项权能。也就是说，这才是所有权的基本含义。所有制主要指的是生产资料的所有制，是指在一定的社会形势下，生产资料归个人、某个阶级、社会集团或整个社会所有的不同形式。① 所有制的实质是人和人之间的关系，正如马克思所言，所有制是一种经济关系。所有权和所有制分属于不同的领域，所有权主要体现为一个法律概念，而所有制体现为一个经济概念。尽管在学者的各种研究中，有人认为所有制是在国人对所有权概念的翻译中衍生出来的，因此两者实质上没有很大的区别，甚至有人直接将两者混用。但是既然所有权和所有制在特定的背景下已经产生并且由人们赋予其不同的含义，那么就有必要将其进行区分以便于使用。

① 张兴茂. 所有制·所有权·产权［J］. 河南大学学报（社会科学版），1996（3）：18－22.

那么，所有制和所有权的关系如何呢？有观点认为，所有制是所有权的现实基础，所有权则是所有制的法律表现或法律用语，[①] 这种观点受到了众多学者的认同。所有权更强调一种法权关系，而所有制则更为侧重是一种经济政治制度。在一定的历史时期，一个社会总有一定的所有制形式与之相适应，所有制的内容决定所有权的性质；所有制的发展变化，显然会对所有权制度产生影响。[②] 换句话说，前面所有制和所有权的最大的分界点也可以认为不在它们自身，而在于对它们进行把握的角度不同。对于所有制，主要是从经济关系上来把握的，而对于所有权则主要是从法律形式上进行把握的。[③] 因此，笔者同意这样的观点，所有制的最基本的含义是指一定社会的物质财富归谁所有，归谁支配的基本经济制度。所有权是所有制的法律形态，这句话概括了所有权和所有制最本质的关系。[④]

3. 所有权内部结构关系：所有权、经营权

依照所有权的列举式定义，所有权的内部权能涉及了占有权、使用权、收益权和处分权四个权能。这些构成了所有权几个最主要的权能。

占有权是指特定的所有人对于标的物为管领的事实，换言之，占有为所有权的事实权能。[⑤] 占有权在一定的历史时期曾经被认为是一定的事实状态，也是所有权能得以存在的前提条件。但是随着时代的发展，所有权人和所有物分离的情形越来越多，所以强调所有权中的占有权能就显得尤为重要，这也是所有权受到侵害时所有权人得以主张权利的一个非常重要的权能。

使用权是指依所有物的性能或用途，在不毁损所有物本体或变更其性质的情

---

① 曹雷．所有制、所有权、产权与股份制——经济学家智效和访谈．http：//www. globalview. cn/readnews. asp？newsid =2558；吴易风教授也有类似观点：“所有权是所有制的法律形态。”参见：吴易风．马克思的产权理论与国有企业产权改革［J］．中国社会科学，1995（1）：4 –24.

② 焦武峰，桑轶儒．论所有权的社会性［J］．湖南省政法管理干部学院学报，2002，18（2）：27 –29.

③ 张宇，孟捷，卢荻主编．高级政治经济学——马克思主义经济学的最新发展［M］．北京：经济科学出版社，2002：150.

④ 魏振瀛，钱明星．论所有权［J］．北京大学学报（哲学社会科学版），1989（3）：43 –52.

⑤ 陈华彬．物权法原理［M］．北京：国家行政学院出版社，1998：213 –214.

形下对物加以利用，从而满足生产生活需要的权能。① 使用权在现实中也常常与所有权相分离，同时它也是所有权人实现物的价值的重要手段之一。对使用权的理解一定要注意对物的使用是依照物的自然属性去进行的，不能对物进行损毁，否则就会破坏物，就会使得该权利与处分权相混同。

收益权是指收取由原物产生出来的新增经济价值的权能，② 或者也可以说是收取所有物的天然孳息和法定孳息，③ 后一种说法更具体、明确些。享有由所有权本身带来的这些利益是所有权的当然之意，这也是除了使用权之外实现所有权价值的又一个重要手段。

处分权是指依法对物进行处置，从而决定物的命运的权能。④ 处分权是所有权的核心权能，也是所有权最基本的权能。因为所有人的这项权能标识着所有权人对所有物真正的支配权。具体而言又包括事实上的处分和法律上的处分。事实上的处分指所有权人按照自己的意愿进行物理上的处置，如将物丢弃、损毁等；法律上的处分则是在物上设置法律上的权利，对物加以转移、限制和消灭等，如设置抵押权和质权等。⑤

经营权是一个较复杂的概念，由于在使用中往往对其进行不同的限定，所以我们很难对其进行一般意义上的定义。而只能在不同的具体领域中来进行尝试性的概括。

例如，按照《全民所有制工业企业法》，经营权是指“企业对国家授予其经营管理的财产享有占有、使用和依法处分的权利”。以此规定，企业对自己的财产不享有真正意义上的自由处分权。⑥

而在土地承包经营权的领域当中，争议也是广泛存在的。有学者将经营权就等同于使用权，认为：“在家庭承包制度框架下，农地产权结构可分解为所有权、

① 陈华彬．物权法原理［M］．北京：国家行政学院出版社，1998：214.

② 陈华彬．物权法原理［M］．北京：国家行政学院出版社，1998：215.

③④ 梁慧星，陈华彬编著．物权法［M］．北京：法律出版社，1997：115.

⑤ 这一点存在争议，也有观点认为处分权仅仅包括事实上的处分，但是笔者认为这种观点不够全面。法律上的处分应当是处分权重要的一个部分。

⑥ 吴易风．马克思的产权理论与国有企业产权变革［J］．中国社会科学，1995（1）：4－24.

承包权、经营权（使用权）。”①

有学者将土地承包经营权定义为：公民、集体对集体所有土地或者国家所有由全民所有制单位或集体所有制单位使用的国有土地的承包经营权。也有学者认为，土地承包经营权是指自然人、集体对于集体所有的土地或国家所有由集体使用的土地依据承包合同而享有的占有、使用、收益的权利。经济学界有学者认为，土地承包经营权是指承包方依照承包合同取得的，对农民集体所有和国家所有依法由农民集体使用的农村土地进行占有和以耕作、养殖、畜牧为生产方式从事种植业、林业、畜牧业、渔业等农业生产经营而使用并获得收益的权利。此外，还有观点将土地承包经营权界定为：农业生产经营者（包括农民、集体和其他农业生产经营组织），依照土地承包合同，取得的对农民集体所有的或者国家所有而由全民所有制单位、集体所有制单位使用的耕地、林地、草地、山岭、荒地、滩涂、水面的占有和从事农业生产经营活动并获得收益的权利。②

从这些观点中我们可以看到，关于经营权并没有较公认的权威定义，但是我们可以看到的是，从所有权四项权能的角度来看，大家普遍认为经营权涉及了占有、使用和收益的权能，而对经营权是否涵盖了处分权则没有提及。而笔者认为，经营者们③对于该物具有一定的法律意义上的处分权（如抵押权等），尽管这种处分权等级较低，但是仍然是客观存在的。

依照《中华人民共和国农村土地承包法》第16条的规定：承包方享有下列权利：

“（一）依法享有承包地使用、收益和土地承包经营权流转的权利，有权自主组织生产经营和处置产品。

“（二）承包地被依法征用、占用的，有权依法获得相应的补偿。

“（三）法律、行政法规规定的其他权利。”

---

① 王权典，陈维君．农地承包经营权流转形式之立法检讨［J］．甘肃政法学院学报，2010（1）：108－115.

② 刘建华．土地承包经营权的概念界定［EB/OL］．法大民商经济法律网，http：//www.ccelaws.com/xueshengxueshu/minshifa/2009－01－01/7120.html，2011－01－03.

③ 这里的经营不包括物主自己进行经营的情况。

这里尽管也没有直接体现处分的权能，但是根据多数学者的观点，承包经营权本身是可以设权的，是可以进行抵押等活动的。而且在《中华人民共和国土地承包法》中明确了“通过家庭承包取得的土地承包经营权可以依法采取转包、出租、互换、转让或者其他方式流转”的法律规定，对土地流转进行了原则约束，为土地流转实践奠定了法律基础。[①] 具体而言，土地承包经营权互换属于物权性的土地承包经营权流转，如“物权性流转，即农地承包权的转让、互换、抵押、出典与入股”；又如“物权性质的流转主要有转让、转包、抵押、互换、继承等”。[②] 而这些直接加之于土地承包经营权上的权利最终仍然是要加之于土地上的，同时，也这是被前述第16条第（三）项所能够涵盖的，因此，笔者认为在事实上承包经营者是享有部分处分权的。

从所有权所具有的四项权能上分析：经营者自然享有占有权，这是进行经营活动的前提之一；使用权也是应当具有的，否则也就无法进行实际的经营活动，但是使用权也要在顺应物的自然属性的前提下来行使；收益权也是应当有的，否则就没有了进行经营活动的动力，但是很显然，这里的收益是不完全的，也就是说经营权人不可能占有所有的收益，而要根据约定，将其中相当重要的一部分分给所有权人，这也是所有权人肯将这些权能部分让渡给经营权人的前提条件；另外经营权中的处分权是部分意义上的，是不完全的，从范围上，仅仅限于法律意义上的设权，所以是有限而片面的[③]；而从层次上，是较为初级的，是一种较为简单的处分权。

综合以上的论述，笔者认为经营权实际的范围是涵盖了所有权中的占有、使用、收益及处分等各项权能，只不过在所有权的最终限制下，其中的部分权能是不完备的，这就使得所有权人仍然对所有物有着重要的控制力，这也是保障所有

---

① 赵美玲，杨秀萍，王素斋．农村土地承包经营权流转：现状、问题与对策［J］．长白学刊，2010（6）：92－97.

② 李蓓．土地承包经营权互换研究［J］．内蒙古社会科学（汉文版），2010（2）：32－36.

③ 至于前述各种观点中，都认为经营权中不包括处分权，笔者认为，这主要是由于这些学者没有考虑到所有权中的处分权，既包括事实上的处分，也包括法律上的处分。而是从很狭义的角度认为只包含事实上的处分，这样当然就是不周全的了。同时，笔者也承认，即使认为经营者有处分权，该权利的能力也是极为有限的，既不能与所有权人的处分权相对抗，也不能超越经营需要的范围。

权人利益的根源所在。其中起到最重大作用的因素是处分权。正是因为所有权人享有着终极意义上的处分权，才使得所有权和经营权能够有效地进行对抗。

二、产权与产权交易

1. 产权

产权是社会经济制度中不可或缺的基础元素，同时也是保障市场交易正常运行的前提条件，关于产权的定义，学者们进行过很多的论述，概括起来主要是从经济学角度和法学角度两方面进行阐述。

首先，经济学意义层面的产权定义最早由罗纳德·哈里·科斯所涉及，他作为新制度经济学派的代表认为，“产权是一种权利，是人们享有的权利，包括如何处置这些权利”①。科斯认为，产权是指人们对财产所拥有的一系列权利，包括拥有权、使用权以及处置等各种权利，并于 1960 年将产权概念正式纳入西方经济学体系。费雪（L. Fisher）认为产权不是一种物质或者物品，而是一种抽象的社会关系，具体而言，“产权是当它承担享受这些权益所支付的成本时的自由权或者允许想用财产的收益”②。产业经济学大师阿尔钦认为，“产权是一个社会所强制实施的选择一种经济物品的使用的权利”③。在这个概念里面，阿尔钦强调产权是一种能够进行选择的权利。E. 菲吕博腾和 S. 佩乔维奇在梳理产权理论相关文献的基础上将产权总结定义，“产权不是关于人与物之间的关系，而是指由于物的存在和使用而引起的人们之间一些被认可的行为关系。产权安排确定了每个人相应于物的行为规范，每个人必须遵守他与其他人之间的相互关系，以及承担不遵守这种关系的成本”④。

---

① 经济学消息报社编．诺贝尔经济学奖得主专访录［M］．北京：中国计划经济出版社，1995：135－136.

② L. Fisher. Elmentary principles of economics. New York：Macmillan，1923：2.

③ 阿尔钦．产权：一个经典注释［M］．上海：上海三联书店，1994：166.

④ 徐洪才．中国产权交易市场研究［M］．北京：中国金融出版社，2006，3：10－11.

张五常（Steven N. S. Cheung）认为产权并非完全是从所有权的角度出发来进行阐释，“产权”应从具体功能和作用角度出发理解，具体可包括私有使用权、自由转让权和收入享受权，[①] 张五常（Steven N. S. Cheung）的产权概念在理论上开辟了新的视角。国内同样有些学者认为，产权是以财产所有权为基础的，由所有制实现形式所决定的，反映不同利益主体对某一财产的占有、支配和收益的权利，受国家法律保护的义务和责任[②]，国内学者在考虑产权概念时，往往会从中国以公有制为主体，多种所有制共同发展的基本经济制度出发，其产权概念更加广泛，更具中国元素。

此外，随着社会进步和发展，关于产权的概念不断外延，其中最普遍的是将产权和人权联系起来，认为产权等于人权，两者是统一的。在此基础上代表人物巴泽尔提出：划分产权与人权的区别有时显得似是而非，人权只不过是产权的一部分。[③]

其次，法学意义层面上产权定义主要从财产所有权的角度出发，著名的《牛津法律大辞典》认为，产权亦称财产所有权，它包括占有权、使用权、转让权和其他与财产有关的权利。此外，法律意义上具有代表性的是裴杰·威（S. Pejovich），他认为产权是因存在着稀缺物品和其他特定用途而产生的人们之间的关系，这种规范人们行为准则就是所有权[④]，在我国法律体系中尚未对“产权”做出明确的表述，但是关于“财产所有权”已于《民法通则》第 71 条做出明确的定义，即财产所有权是指财产的所有人依法对自己的财产享有占有、使用、收益和处分的权利，在这里产权的定义等同于在法律意义上的所有权。

产权的概念在中国学术界仍然存在争论，最主要的焦点集中在产权和所有权两者的关系上，所以，目前国内学术上仍然没有得出关于产权的权威定义。为便于本书的研究，结合产权的经济和法律意义，将产权理解为产权市场主体对于特

---

① 张五常. 经济学方法论［J］. 社会科学战线，2002，4：34－40.

② 朱戈. 发展产权交易市场与我国多层次资本市场的构建［D］. 对外经济贸易大学硕士学位论文，2003.

③ 巴泽尔. 产权的经济分析［M］. 上海：上海三联出版书店，1997：16.

④ 刘伟，李凤伟. 产权通论［M］. 北京：北京出版社，1998：9－10.

定财产客体的关系权利，包括占用权、使用权、收益权以及转让权，本质上是人与人之间形成的社会关系，它确定了每个人在稀缺资源利用方面的地位和相应的经济和社会关系。

另外，借鉴众多学者的观点可以发现产权有如下三大基本特征：一是权利的流转性，体现了其浑然天成的市场属性，是产权存在的血液和灵魂。二是社会作用，产权所规定的人们之间的权利义务体现其具有社会规范性。三是权利的排他性，产权理论是以“经济人假设”为基本前提，研究“稀缺资源”的配置和利用问题，产权的权利范畴体现了资源稀缺性，显然产权具有排他性。

2. 农地产权

农地的概念仍然存在一定的争议。有观点直接将农地等同于农村土地，认为农村土地主要是指农场、林地、牧地、水域和园地，而农地（耕地）是农村土地的主体。[①] 其他不同的观点还有很多。有观点认为，农用地指直接用于农业生产的土地。林英彦认为，广义的农用地包括耕地、园地、牧地、鱼池、草地、林地等。还有学者认为，农用地为直接和间接用于农业、林业、畜牧业、渔业等农业生产的土地，包括耕地、园地、林地、池渠、田间道路、可垦荒地及其他生产性建筑物所占用的农用地。[②] 国外学者对农地的分类也较有特色，有学者认为农地可以分为消费用地和责任田，消费用地是满足各个家庭基本生活需要的土地，责任田是需要缴纳农业税的土地。[③] 但是由于我国已经于 2006 年取消了农业税，因此，这种观点已经失去了价值。也有学者说得更为具体，认为任何土地只要是用于种植的就可以被认定为农用地，另外，渔业、园业和蔬菜种植也被认定为是农用地。[④]

---

① 龙文明．简析我国农地制度创新中的问题及其对策［J］．贵州师范大学学报，1997（1）：97.

② 贾娅玲．我国农地保护的法治化研究［D］．中央民族大学博士学位论文，2009.

③ Roy Prosterman，et al.，Land Reform In China：The Two－Field System in Pingdu，Rural Dev. Institute Rep. on Foreign Aid and Dev. No. 86，1994.

④ The Interim Regulations on Tax for the Possession of Cultivated Land was Issued by the State Council on A-pril 1，1987.

农地本身显然是一个缩略语，但是其所指的农村土地，是农业用地还是农村集体土地却并无定论。尽管在一些研究者那里分歧较大，但是笔者认为，这主要是一个使用语境的问题，而农地所指代的这些词汇本身也存在着较大的差别。

实际上，农村土地从用途的角度主要包括两个部分：一个部分是农业用地，指的是用于农业生产的所有土地；另一部分是农村建筑用地，指的是除农业用地之外，用于公益事业的用地，主要包括宅基地和企业用地等非农业生产所用的土地。所以，从界定上来看，农村土地的范围是大于农业用地的，它们之间是包含的关系。①

而农村集体土地是从所有的角度对土地进行的界定。依据我国宪法及相关法律，农村的土地，除由法律规定属于国家所有的以外，皆属于集体所有；宅基地和自留地、自留山，也属于集体所有。所以，从范围上看，农村集体土地可以略小于农村土地，因为后者包括国家所有的一部分，但是对于所有的农村集体土地而言，又可以说它们都是农村的土地，所以两者之间也存在包含关系。

在本书当中，是在最狭义的角度上来使用农地，指的是农业用地。借用一下土地承包法中的界定，具体来说，在本书中农地指的是农民集体所有和国家所有依法由农民集体使用的耕地、林地、草地以及其他依法用于农业的土地。

对于农地所有权，套用前面关于所有权的定义，指的是对于农业用地的占有、使用、收益和处分的权利，它是对于农地最为全面的支配性的权利。农地经营权是指农地的经营者所具有的对于农业用地占有和从事农业生产经营活动并获得收益并且在一定层面上进行处分的权利。

尽管从表面来看，两者都涵盖了所有权的四项权能。但从实质上，它们所处的层次是不同的。农地所有权是终极意义上的权利，它在两权关系中处于支配性的地位。可以根据自己的需要而在一定程度上影响经营权的走向和发展；而农地

① 从这里，我们也可以看到一些法律文件中的用词的随意性。如《中华人民共和国农村土地承包法》中第二条：本法所称农村土地，是指农民集体所有和国家所有依法由农民集体使用的耕地、林地、草地，以及其他依法用于农业的土地。这里的词汇使用的是农村土地，但是从定义中来看，其界定的明显是农业用地。这从逻辑上是存在一定缺陷的。

经营权则是处于被决定的地位，与农地所有权相比较为次要。但是随着社会生产力的不断发展，一种趋势越来越明显：农地经营权将在两权关系中处于越来越主动的地位。这是由于随着生产力的不断提高，收益与经营者的关系越来越紧密，这样势必不断挤压所有权的地位，而使其重要性逐步弱化，这应当也是符合社会发展规律的。

3. 产权交易

产权交易的概念在学术界有多种角度解释，目前比较流行的定义是指拥有资产所有权或者经营权的产权所有者将其权利全部或者部分有偿转让的一种经济活动。首先，产权交易与一般商品买卖相似，同样需要遵循既定的交易原则，如最基本的等价交换原则，通常会利用货币来衡量这种等价性。其次，产权交易包括让渡资产所有权以及交换资产经营权，当考虑所有制因素时，产权交易有时只指交换资产经营权。最后，产权交易的实质是一种经济活动，在整个产权交易过程都要遵纪守法。此外，产权交易其本身就是一种市场行为，但是也会区别于一般的商品交易市场，产权交易需要专业的评估中介，能够合理评估资产权利的“价格”区间，为“购买者”提供公平公开的竞争条件，最终顺利达成交易。本书所提及的农村产权交易则是上述所提的农村产权为交易客体，而且会以农村土地产权流转为主的产权交易。

4. 产权交易市场

市场的概念有广义和狭义之分，广义的市场是指商品交换过程中所形成的各种关系总和，体现着某种社会关系，而狭义的市场是指具体商品进行交换的场所。同样广义的产权交易市场是指财产权利的交换关系、交换条件、交换场所的集合，其不仅仅包括产权交易场所，还包括保证产权交易运行的市场服务平台、中介服务体系、交易服务网络以及相关的交换关系。而狭义的产权交易市场是指独立的财产权利主体进行产权有偿转让行为的具体交易场所，一般可以理解为产权交易所（中心）、资产调剂市场、国有资产经营机构或者承包租赁市场等。郑康营（2004）提出，一个科学、完善并且在实际中能够成功实现交易的产权交易市场应该包括基本的三个层级市场体系，其中，第一层级是发挥监管交易市场的部门，如产管办，第二层级是组织产权交易市场的部门，也就是产权交易机构，如产权交易所或交易中心，第三层级是产权交易的竞争者。交易市场中这三个体系的权利相互制衡，有效地促进和保证市场主体在“公平、公开、公正”的原则下，规范地进行交易，保障市场各主体平等的法律地位。

基于吉林省产权交易机制的发展状况，本书所指的农村产权交易市场则是指狭义的意义，具体可见的、主要用于农村要素流动的农村产权交易所，其需要根据国家规定确定组织性质，设立固定的交易场所、设置可循的交易规则，其本质是开展以土地产权为主要交易要素的，将技术与资本相结合，提供融资投资等多项服务功能的综合性产权交易所。

农村产权交易所对我国的深化农村土地改革、提高农村经济效益、加速了城镇化进程、促进生态效应都发挥了切实意义。北京、上海、重庆、武汉、成都等多市都已率先整合交易资源，成立地方性农村产权交易所，并且运行良好，发展成熟且不断作为成功经验得到广泛推广。有的县市乃至乡镇也纷纷建立了农村土地承包经营权流转中心，并建立健全农村集体资产的发包、出租以及村级中某些公共资源的配置。

至于应该建立一个什么性质的农村产权交易市场，国内相关理论研究也有不同的见解。王彪（2002）提出，农村产权交易市场不能完全由政府掌控，应将产权交易的管理职能和经营职能有效分离，政府发挥顶层建筑的管理职能作用，为产权交易制定宏观方面的政策建议与法律法规，而将产权交易的经营职能采取放权的政策剥离出来。孙启（2005）提议，将农村产权交易机构以公司制形式成立，一方面可以有效规避政府机构的“权力寻租”问题，另一方面产权交易可以顺应市场趋势，充分发挥资源的优化配置，提高效率。目前我国大多数的农村产权交易所仍然依附政府职能部门，属于公司制形式的非营利企业法人性质，其既具有属于公益性事业单位的性质，同时又是依靠政府购买服务的经营性组织机构。

如果用系统性的思维方式进行研究，我们可以将产权交易视为一个开放性的交易系统，该系统由三个部分组成，即产权交易主体、产权交易市场和市场运行机制。产权交易主体是指产权交易中涉及的出让方和受让方，产权交易市场是指产权交易的外部环境和场所，市场运行机制则是指产权市场中保障交易顺畅实现交易的规则和体系，也包括交易的各种形式和方式。

第一，产权交易主体。产权交易主体是指产权交易的直接参与人，也就是产权出让主体和产权受让主体。产权出让主体也是产权的所有者，就我国产权交易行为的现状而言，产权出让主体有国有产权出让主体、集体所有制产权出让主体、私营企业主出让主体等。产权受让主体也是产权买入方，通过支付一定的标的物获取产权的一定权利，一般分为机构投资受让主体和个人投资受让主体两种，其中机构投资受让主体包括企业、金融机构等。

第二，产权交易市场。尽管在社会主义市场经济条件下产权交易是一种市场运作模式，但在产权交易出现之处还并没有相对成熟的市场支撑，随着产权交易供求关系和交易公平的现实需求，产权交易市场也应运而生，通过产权交易市场实现价格发现和平衡供求关系的功能。依据不同的交易内容，产权交易市场也有不同的类型，如使用权交易市场、占有权交易市场、经营权交易市场等。

第三，产权交易的运行机制。产权交易运行机制是产权交易实现的形式和方式，不同的产权交易类型也有着不同的产权交易运行机制。因此依据前述产权交易的类型也可以把产权交易运行机制进行分类。例如，股权型的产权交易机制就是依托我国当前的证券交易市场而开展的一种产权交易机制，其受到我国金融监管体系的规范管理。以此确保产权交易能够在一个公平、公开、合理、高效的市场中有序进行。而对于一些非股权型的产权交易，则没有这样完善的、成熟的交易机制，需要在今后不断完善其专业性，应由专业的第三方中介机构介入，高效办理资产评估、交易结算、会计服务、权属变更等流程，从而为此类产权交易形成固定的、程序化的高效运行机制。

5. 中国农村产权交易相关研究

在我国同产权交易相关的理论研究成果较为丰富，同时在实践上也有很多先进的经验可循。但是其中，关于农村产权交易的研究起步晚，相关成果还不多，无论是理论还是实践都还有很多空白需要填补。

对我国农村产权交易相关研究发展滞后，但也有一些可以借鉴的探索性成果。杨继瑞（1996）对农村产权交易中农村土地资源配置市场化问题进行了研究，指出农村产权交易应该力推市场化改革，其中深化改革和创新农村土地产权制度是关键，只有建立相适应的制度体系，才能有效推进社会主义市场经济体制下的农村产权交易，才能建立适合社会主义市场经济的农村产权交易规则。杨宏力（2007）从土地产权及其交易成本角度做了深入研究，指出了我国目前农村土体产权存在的问题，包括变异的所有权、有缺陷的流转权、不完整的使用权和不稳固的占有权，代表了我国现行的农村土地产权制度体系下残损的产权现状，也同时造成了土地产权交易的高成本、高租金。进一步地，这种现象也直接造成了农村社会福利的缺失。而造成这一切的根本，就是制度问题，既有政治制度也有经济制度，这些问题直接导致了农村土地产权交易的混乱和低效。也有学者从农村环境产权交易的视角展开研究，朱玉春、赵晏（2008）研究了农村环境产权重构及其交易的相关问题，得出卓有成效的研究成果。这两位学者一致认为，农村环境产权的一个典型特征是其“共有性”，而这也直接造成了农村环境及其产权交易的诸多问题。因此应该加快改革步伐，构建新的以农户和村集体为主要权利主体的、符合社会主义市场经济的产权模式，并引入市场化模式，通过市场高效配置资源，从制度入手，重构新型环境产权制度是解决农村环境产权及其交易问题的根本需求，也是必由之路。褚红丽（2008）针对农村小产权房的问题展开研究，认为近年来小产权房交易持续升温，而其中展现出来的一些问题的根源在于国土制度不合理，目前农民没有土地所有权，仅有使用权，这是我国当前国土制度的基础，短时间内难以改变。文宗瑜（2009）对农村土地产权交易市场化改革步伐和路径进行了研究，首先肯定了农村土地产权交易市场化的积极意义，可以极大地提高农村土地产权交易的效率，优化资源配置。同时，该学者也提出了农村土地产权交易的市场化基本模式，包括市场构成要素、交易产品类型、外部监管制度等，有较大的借鉴意义。王智源（2009）也对这一问题展开了研究，认为在农村土地产权交易市场化中，需要建立一个农村综合产权交易平台，进一步明晰程序与模式，进一步在规范中放开。汪薇（2010）通过对武汉市农村综合产权交易所进行的调研，总结出其实践经验，主要是综合性、延伸服务、金融创新、规范守法、稳田富民五点，并从中获得极大启示：一是农业是国民经济的基础，二是产权流转是财富之源，三是金融创新对农村要素的激活作用。刘恒（2011）通过深入考察成都市农村产权交易所的运行机制，总结出以下六个方面：一是在基础前提方面，完善确权颁证工作；二是在市场推广方面，先易后难有序推广；三是在平台构建方面，实行“一个核心，三级联动”的原则；四是在保障措施方面，创新耕地保护机制；五是在风险防控方面，建立完善的担保机制；六是在创新平台方面，采用会员制的组织形式，完善交易的中介服务。

第三节　理论依据

一、马克思所有权结构理论

马克思在继承前人研究的基础上指出，所有权是一组权利，揭示了所有权内部结构之间的相互关系。广义的所有权包括狭义的所有权、占有权、支配权和使用权，所有权内部的各个权利之间可以统一也可以分离。狭义所有权是一种具有排他性的终极所有权；而占有是不能脱离所有权而独立存在的，或者所有者占有，或者所有者将占有权转予他人；使用权是在占有的基础上产生的，通常指用什么方式对所占有的物加以改造和使用；支配权是主体对客体的一种具体的管理、处置。因此，通常将占有、使用和支配权称作经营管理权，而与狭义的所有权相区别。同时，也可以看出，在具体的生产活动中，所有权结构中的占有权具有决定意义，若从所有权的起源与发展来看，占有先于所有，因此马克思才指出占有是所有权的钥匙。对于所有权客体连带的收益如何分配问题，即人们常说的收益权归属，取决于所有权内部诸权利之间的相互关系。所有权内部结构关系归根结底取决于生产力的发展状况，在不同的生产方式下，所有权与经营权的分离与统一呈现不同的表现方式。在小生产方式下，如小土地所有制下，所有权的几个权利是统一的，所有权主体是生产资料的所有者、占有者、使用者和支配者，通过自己的劳动实现对所拥有的生产资料占有、支配和使用，并对其劳动产品具有完全的经济所有权。由于所有权关系的统一，因此也没有地租或租金，所有权主体与社会的联系以分散的形式存在。在存在私有制的社会中，都会存在所有权与经营权的分离，表现为所有者和经营者的对立，有的分离表现得比较彻底，有的分离表现得比较含混。最典型的是资本主义社会，租地农场主向地主缴纳作为剩余价值一部分的地租，资本经营者向资本所有者支付作为剩余价值一部分的利息。而在封建社会，这种所有权内部结构之间的关系是十分复杂的，租种地主土地的农民向地主支付地租，这是一种权利的分离，但是农民对地主又有人身依附关系，其本身也被地主不完全占有，因此又存在权利的统一。在奴隶社会，奴隶主除了占有生产资料外还完全占有奴隶，这样，所有权与占有权是相统一的，而具体的使用权又是与之相分离的。在公有制的社会形态下，同样存在所有权与经营权的分离，只是这种分离是在同一所有权主体内部产生的，经营者是所有者中的一部分，经营者与所有者不是对等的。

1. 土地所有权结构及地租

马克思在分析作为剩余价值一部分的资本主义地租的过程中，从历史的角度分析了土地所有权关系，认为任何地租都是土地所有权在经济上的实现形式，任何地租都是剩余劳动的生产物。虽然其主要研究的是资本主义地租，但马克思指出地租并不是起始于资本主义社会，他分析了封建地租与资本主义地租的不同之处，阐述了封建地租的经济实质，并且论述了劳役地租、实物地租、货币地租这三种地租形式及发展过程，真正用历史的观点分析了地租。只要存在土地所有权，就会产生地租，而所有权发展至今已不单单是私有权的范畴，这个所有权是与无所有权相对立的，原始社会和未来的共产主义社会，是没有所有权的公有制，封建社会和资本主义社会是有所有权的私有制，社会主义社会是有所有权的公有制。

在资本主义社会当然有土地所有者与农业资本家是同一主体的现象，在这种情况下，土地所有权与经营权是统一的，当然这不是资本主义社会占主导地位的土地两权关系。马克思所分析的资本主义地租和资本主义所有权关系是围绕土地所有权与经营权分离所展开的。土地所有者把土地出租给农业资本家使用，农业资本家付给租地农场主地租，这才是资本主义社会典型的生产方式，土地的所有权与使用权的分离是资本主义地租产生的直接原因。马克思把地租分为绝对地租和级差地租，马克思把绝对地租称为与各类土地的肥沃程度所引起的不同劳动生产率完全无关的地租，“绝对地租是原产品价值超过平均价值的余额”。绝对地租的产生来源于土地所有权，最差土地也产生地租，在农业资本有机构成低于社会平均资本有机构成时，农产品价值高于生产价格，这个余额由于土地所有权的垄断不会被平均掉，从而转化为绝对地租；若农业资本有机构成等于或高于社会平均资本有机构成，绝对地租就来源于垄断价格，即市场价格高于价值与生产价格的余额。“如果最坏土地 A——虽然它的耕种会提供生产价格——不提供一个超过生产价格的余额，即地租，就不可能被人耕种，那么，土地所有权就是引起这个价格上涨的原因。土地所有权本身已经产生地租”，因此，绝对地租归土地所有者所有。

不管地租的形式如何复杂，其实质都是农业工人创造的剩余价值，农业工人受资本主义土地所有者与农业资本家共同剥削，反映了资产阶级与工人阶级的对立。马克思是站在无产阶级的立场上分析问题，对土地私有权持批判态度，在资本私有制和土地私有制的对立联系中考察资本主义地租和土地所有权关系，指出利润和地租都是剩余价值的分割，虽然资本尚且参与生产过程，而土地所有者则游离在生产过程之外。

2. *劳动力所有权结构及工资*

劳动力不能离开劳动者而存在，这是劳动力对于劳动者的自然从属关系，而劳动力所有权是一种社会经济性质，是劳动力对于其所有者的经济从属关系，反映了一定的利益关系与阶级关系。劳动力的使用权取决于哪些人掌握生产资料，即劳动力的使用权取决于生产资料的所有权，而劳动力的所有权及其与生产资料结合的方式则取决于生产力的发展水平及相应的生产关系。劳动力的所有权与使用权可以统一，也可以分离，在有人身依附关系的私有制社会中，劳动力的所有权与使用权都归生产资料所有者所有。如在奴隶社会，奴隶主不仅占有全部生产资料，还占有奴隶本身，并且占有全部劳动产品，因此劳动力所有权与使用权均归奴隶主所有。而资本主义社会则不然，资本主义生产方式的核心在于雇佣劳动力。一方面，作为劳动者的工人必须是自由的，拥有对自己劳动力的所有权和支配权；另一方面，工人一无所有，只能出卖自己的劳动力。在劳动力市场上，工人自由地出卖自己的劳动力，资本家付给工人相当于劳动力价格的工资，一旦交易成功，资本家就拥有了对劳动力的使用权，劳动力的使用——劳动创造的所有劳动产品完全归资本家所有，并且这种所有权关系受到法律保护。因此，资本主义社会的劳动力所有权归工人，而劳动力使用权归资本家，当然只是暂时的使用和支配，而这种权利的让渡使资本家无偿榨取了工人所创造的大量剩余价值，秘密在于劳动力具有特殊的使用价值，劳动力的使用所创造的价值远远大于资本家所支付的劳动力价格。资本家与劳动力相交换的规律具有形式和内容上的矛盾，表面上工人拥有劳动力的自由所有权，有权利出卖给或不出卖给谁，但事实上劳动力从属于资本，工人不出卖劳动将不能维护自己的生活，这种交换是不平等的自由。同时在交换的量上也是不平等的，交换使得资本家获得财富，形成资本积累，而工人只是获得生活资料以满足劳动力的再生产，工资是劳动力的价值，远远低于劳动力的使用即劳动所创造的价值，从而形成资本主义社会的劳动异化。在这种生产资料资本主义私有制下，生产资料与工人相分离，资本与劳动力相对立，利润与工资相对立，资本家与工人相对立，资产阶级与工人阶级相对立。

3. 资本所有权结构及利息

资本主义社会资本所有权与使用权有的统一，有的分离：当资本家用自有资本进行生产经营时，所有权和使用权是统一的；当资本家借用别人资本进行生产经营时，所有权和使用权是相分离的。马克思在研究借贷资本时，是在资本的所有权和使用权相分离的基础上进行的，这样就有了借贷资本家和职能资本家之分，借贷资本家将资本借给职能资本家，职能资本家支付给借贷资本家利息。职能资本家利用借来的资本进行生产经营，执行着生产剩余价值的生产目的，承担着生产经营的风险，而借贷资本家则游离于生产过程之外，单纯地扮演着所有者的角色，不干涉企业的生产经营活动，只凭借剩余索取权收取利息。资本所有权和经营权的这种分离，形成了借贷资本家和职能资本家的对立，借贷资本家和职能资本家分别以利息和利润的形式分割工人所创造的剩余价值。借贷资本家和职能资本家又都以资产阶级的身份共同剥削工人阶级，工人阶级与资产阶级依然是对立的，虽然借贷资本家和职能资本家的对立使这种阶级对立关系更模糊一些，但依然无法掩饰资本主义生产关系的实质。“资本家是以双重身份存在的：法律上的和经济上的”①，“资本的法律上的所有权同它的经济上的所有权分离”②，货币资本家和职能资本家共同侵占工人创造的剩余价值。

资本的所有权与使用权分离在股份制经济中得到了进一步的发展，生产发展的社会化带来了资本的社会化，股份经济是伴随着资本主义生产力的巨大发展应运而生的，当然也促进了生产力的大发展。在资本主义一定发展阶段上，生产对资本的量的要求越来越高，以至于难以找到拥有巨大资本量的货币资本家，这就需要把许多个单个的资本结合起来，资本出资形式从单个资本发展为社会资本，形成适应生产发展的大规模的股份公司，资本积累走向资本集中。在股份制经济中，资本所有者即出资人的单纯所有者性质表现得更为彻底，因为资本是以社会化的形式参与出资的，而经营公司只不过是股东们所聘用的管理者，他们负责公司的日常管理，不承担公司经营风险，其收入只是劳动报酬，不再是剩余价值的拥有者，即劳动与生产资料完全分离。这样，使得资本所有者和管理者都似乎成了多余的人，资本所有权的分散进一步深化和复杂化，分离得更为彻底，剩余价

① 马克思恩格斯全集［第26卷（Ⅲ）］［M］. 北京：人民出版社，1998：507.

② 马克思恩格斯全集［第26卷（Ⅲ）］［M］. 北京：人民出版社，1998：511.

值的拥有更分散，“职能已经同资本所有权相分离，因而劳动也已经完全同生产资料所有权相分离。资本主义生产极度发展的这个结果是资本再转化为生产者的财产所必需的过渡点，不过这种财产不再是各个互相分离的生产者的私有财产，而是联合起来的生产者的财产，即直接的社会财产”①。虽然在资本主义生产方式下，不管方式如何变化，都不能改变资本主义的剥削关系，但也体现了资本主义生产方式的自我扬弃，为社会主义生产方式提供了过渡形式与物质基础。

二、西方产权理论

1. 科斯的产权理论

罗纳德·阿里·科斯（Coase，Ronald Harry）是产权理论的主要代表，对经济学的主要贡献是在交易费用和现代产权理论方面。科斯的两篇文章《企业的性质》《社会成本问题》是他获得诺贝尔经济学奖的代表作。“科斯定理”“科斯第二定理”及其推论构成科斯产权理论的主要内容。

（1）科斯第一定理。科斯定理是西方产权理论的一个核心范畴，也可简称为无关性定理。科斯在《社会成本问题》中就外部性市场失灵对传统理论提出挑战，认为政府管制不是克服外部性市场失灵的唯一手段，私有产权下的市场具有克服自身外部性缺陷的功能。“如果定价制度的运行毫无成本，最终的结果（产值最大化）是不受法律状况影响的”②。不考虑交易成本，这就是人们通常所说的科斯第一定理。可以说，定理的提出及表述归功于乔治·斯蒂格勒。斯蒂格勒在 1966 年总结归纳了科斯定理，即“在完全竞争的条件下，私人成本和社会成本将会相等”③。

科斯在论文《社会成本问题》中阐述了科斯定理一。假设有两块相邻的土

① 马克思恩格斯全集（第 25 卷）［M］. 北京：人民出版社，1998：494.
② 科斯. 社会成本问题（中译本）［M］. 上海：上海三联书店，1990：83，92.
③ 斯蒂格勒. 价格理论（中译本）［M］. 北京经济学院出版社，1990：125.

地，一块畜牧者用来养牛，另一块农夫用来种植麦子。在两块土地间没有任何栅栏的情况下，牛群经常跑到邻地吃麦子，使得养牛的畜牧者获利，农夫遭受损失。当牛群在麦地里吃麦子对麦地造成的价值损失，在边际上高于牛群吃麦子给牛群自身带来的价值增值，也就是说两块地的生产总净值因此受到了损失的情况下，从社会角度来看，成本大于收益。他从两个相反的假设得到一个相同的结论，产权是重要的，但如果定价制度的运行成本为零，则最终的结果不受法律状况的影响。交易费用为零的假定是科斯针对庇古的传统理论所进行的批评，科斯在 1991 年获得诺贝尔经济学奖演讲时候说，“我趋于认为科斯定理是对具有正交易费用的经济的分析的奠基石。科斯定理给予我的意义在于它动摇了庇古体系的基础。由于常规理论假定交易费用为零，科斯定理表明：在这些情况下，庇古的结论是毫无必要的”。①

（2）科斯第二定理。“没有权利的初始界定，就不存在权利转让和重新组合的市场交易”②，但是如果考虑市场交易的成本，那么“合法权利的初始界定会对经济制度运行的效率产生影响”。③ 人们将这种定理称为相关性定理：在存在市场交易成本的条件下，那么，界定合法权利将会影响资源配置的效率。科斯认为交易是“权利转让和重新组合”，而旧制度经济学家康芒斯则对交易也有着相似的观点，即“一种合法控制权的转移”。④

而在市场交易成本不为零的条件下，人们在追求利益的过程中，就会想方设法来降低交易成本，进而提高经济效益。据于此，科斯指出，无论是政府、企业、还是其他经济组织，它们存在的理由和根源都在于其能够降低交易成本，提高社会的资源配置效率。

2. 德姆塞茨的产权理论

哈罗德·德姆塞茨（Demsetz，Harold）的主要贡献在于工业组织特别是结构

① 科斯．生产的制度结构［J］．邹薇，庄子银译．经济译文，1993（3）：11.
② R. H. Coase. The Problem of Social Costs［J］. Journal of Law and Economics，1960，3：1－44.
③ 科斯．企业、市场与法律（中译本）［M］．上海：上海三联书店，1990：83，92.
④ ［美］康芒斯．制度经济学（上）［M］．于树生译．北京：商务印书馆，1962：11.

问题与产权，包括产权的产生、交易费用理论、垄断竞争的理论性与经验性等方面。

（1）建立产权起源模型。1967 年，德姆塞茨在杂志《美国经济评论》5 月刊上发表他的论文《关于产权的理论》，论文通过阐述北美印第安人的狩猎边界与皮毛贸易的关系来说明产权的起源与经济发展的关系。起初，印第安人狩猎主要用于自给自足，捕猎兽类的数量不大，所以无须划分狩猎边界。但是当皮毛贸易逐渐发展起来，猎物不仅是用于满足自身需要，而且用于出售以后，狩猎数量猛增，人们之间为了狩猎而引发的冲突开始增多，此时，划分狩猎的边界变得非常必要。土地私有制度的建立又会反过来影响交易费用。在产权没有明确的情况下，狩猎者如果需要使用土地，就需要和所有可能的土地使用者谈判；当产权明确以后，谈判对象会大大减少，交易费用大大降低。

（2）关于产权的外在性。所谓产权，就是使自己或他人受益或受损的权利，德姆塞茨对于产权的这一定义影响巨大。这实际上是将产权理解为人与人的关系，而非人与物的关系，所以产权不仅不限于生产资料，还可以超越通常意义上的“财产”概念，产权的界定可以规定交易双方哪一方需要补偿给对方。德姆塞茨把产权和外在性联系在一起。德姆塞茨阐述了外在性内在化的问题，通过产权配置格局的改变使得外在性内在化，这是产权的重要功能。产权结构会影响企业的效率，提供外部性内部化的激励是产权在促进资源配置效率方面的作用。

（3）对交易费用理论的贡献。德姆塞茨认为，产权取决于交易费用，后者又取决于获得市场的信息成本，利用劳动市场中的就业合同可以得到证明。就业合同只规定工人的劳动报酬及劳动时间长短，而未规定劳动强度，这样工作必然受到失业“大棒”的威胁和提升“胡萝卜”的诱惑，但必须在受到监督的时候才有效。

科斯按照企业和市场两个不同性质的资源配置方式区分了组织费用（或称管理成本）和交易费用。德姆塞茨则认为，在多数情况下，企业内部的管理成本和外部交易费用是很难区分的，组织费用和交易费用既存在于企业也存在于市场。企业是为外部世界进行生产的生产单位，或者说是一种为其他人进行专业生产的制度，企业之所以存在是由于为其他人生产比满足自给自足需要更有效率。在德姆塞茨与和阿尔钦合著的《生产、信息成本与经济组织》中，将重点从使用市场的交易费用转移到解释企业内部结构的激励问题上，企业实质上是一种“团队生产”，由于团队中使用的资源并不属于同一个人，所以团队成员之间会产生偷懒的问题，这种行为不仅会发生在工人身上，还有可能发生在管理人（或称代理人）身上，这种监督也是有费用的（即代理费用或监督成本），解决的办法是让监督者享有财产剩余索取权（总收益减去其他所有成员报酬的余额），以激励监督者的积极性，提高团体成员的生产效率。另外，由于非所有者的监督者监督投入成本过高，所以监督者应该是团队固定投入的所有者，如此，资本主义企业诞生。

3. 阿尔钦的产权理论

阿尔钦（Alchian，Armen A.，又译阿尔奇安）关于产权理论的主要论著有1961年出版的《产权经济学》，1972年与德姆塞茨合著的《生产、信息费用和经济组织》，1973年出版的《产权范式》，1983年出版的《交换和生产》，1987年出版的《产权》等。

（1）阿尔钦的“产权范式”。阿尔钦（A. Alchian）在《产权：一个经典注释》中对产权进行了定义，“产权是一个社会所强制实施的选择一种经济品使用的权利”。“产权是授予特别个人某种权威的办法，利用这种权威，可从不被禁止的使用方式中，选择任意一种对特定物品的使用方式。”① 把这种权力赋予一个特定的人，同时这种权力可以和其他权力相交换，这就是私有产权。这种界定实际上是从法律和国家强制性层面来刻画产权，认为产权是一系列制度规则，旨在保障人们对资产的排他性权威。阿尔钦考察了人们对资产实现权威方式的产权形成有两个基本途径：一方面“国家社会强制实现的对某种经济物品的各种用途进行选择的权利”，国家强制实施来保障人们对资产拥有权威的制度形式；另一

---

① Alchian，A. A. and Allen. W. R. Exchange and Production - Competition，Coordi nation，and Control，2nd ed.，Belmont，Calif.：Wadsworth，1977，pp. 130.

方面，通过市场竞争形成人们对资产拥有权威的社会强制机制。由此可见，阿尔钦认为产权是政府强制和市场强制两者统一的权利。在当代西方产权理论研究中，产权的这种界定被称为阿尔钦“产权范式”。

（2）关于企业的理论。阿尔钦认为企业是一些受到合约约束的组合起来的团体，而企业也可以由于私有产权具有的可分离性与可分割性而产生联合生产。阿尔钦在和德姆塞茨将企业存在的原因总结为团队的力量，认为分开单独生产的效率不如团队协作生产的效率高，即“1 +1 >2”。而这种团队生产又有着一些必要的假设与前提，因此他们又研究了企业内部的激励和监督问题，重视了企业内部结构的研究。

（3）产权的可分割性与专业化分工。阿尔钦重视产权要素的可分割性和可转让性，“产权要素所具有的自愿的可分割性和可转让性，可以实现专业化（有时称为‘分离’）：①行使有关资源使用的决策权；②承担市场或交换价值实现的结果”。前者被称为“控制权”，后者为“所有权”，产权的可分离性和可转让性使人们在行使这些可分割权利方面实行专业化分工，如选择与监督资源的使用、评价资源使用的成果、承担资源未来用途和价值方面的风险等，并获得相应收益。作为控制和协调方式的所谓的“分割”，使人们在行使私有产权方面实行有效率的富于生产性的专业化。阿尔钦的产权理论，实际上是新古典分工和交易理论的应用。

4. 张五常的产权理论

张五常（Steven N. S. Cheung）主要以产权、交易费用理论研究农业土改、中国的承包合约以及 1981 年以后的经济制度转变。贡献主要在三个方面①：一是对产权理论本身的发展，二是以实证分析方法研究产权，三是对中国改革的制度与体制选择的系列研究成果。张五常认为，产权制度是在经济竞争中约束人与人之间的竞争的规则，每个社会的竞争规则互异：交易费用是生产以外的所有费用

① 高海燕. 制度的选择与改革——张五常产权经济思想简介［J］. 经济社会体制比较，1995（2）：6 - 14.

（如生产费用、议定合约、界定保护产权的费用等），比生产费用大很多，所以一个经济制度只有减少交易费用，才能显著提高经济效率。也就是说在交易费用为正的情况下，不同的产权界定会产生不同的资源配置效率，但产权的界定本身也是有成本的，它需要人与人之间的谈判甚至争论，当界定产权的费用高于它所带来的利益时，人们需要建立产权制度。

（1）关于合约的理论。张五常在研究市场条件下合约的本质与交易费用的关系时认为，合约是一种普遍采用的进行资产转让的形式，不同的资产具有不同合约、不同的交易费用。“以资产界定权利的制度即私有产权制度，是一种没有经济浪费的制度”，私有产权制度的交易费用最低，企业之所以出现是由于可以降低交易费用，可以说企业本身也是一种合约形式，企业的分工与协作、组织与控制都是降低交易费用的各种合约的结果。

（2）关于土地租约安排的理论。张五常用产权理论分析土地制度。经济学家们普遍认为分成制与固定租金制度相比，会导致佃农劳动和投资的激励降低。张五常则认为，在产权明确界定为私有的情况下，无论土地所有者是自耕土地，还是雇佣农民来耕种，采用分成合约，还是固定租约都会实现资源的最优配置。在分成制下，地主和佃农之间会根据市场状况对租金率的高低、佃农在租约期内非土地投入对土地投入的比例等进行谈判，并达成协议，因而不会出现激励降低的问题。张五常收集了 1934 年中国 8 省 93 个地区的租期数据，经过分析整理得到的结果表明，租佃制下的劳动生产率会因租约的期限而变化，所谓低于 10 年租期的租约是无效率的说法并不成立。只要产权是排他的和可转让的，不同的合约安排并不意味着不同的资源配置效率。

（3）关于交易费用的划分。张五常将交易费用划分为广义和狭义。狭义的交易费用就个别或局部交易活动而言，而广义的交易费用是在某种制度安排下整个社会所耗费的交易费用。不同的制度会有不同的制度费用。例如，在计划经济社会，非市场管理或管理费用构成基本的制度费用；而市场经济社会，市场交易费用则是制度费用的主体。在计划经济社会，效率低下、资产配置无效的主要原因是产权制度与安排既没有明确的产权界定，资产也不可以自由转让，从而造成制度费用庞大；在市场经济条件下，由于产权界定与转让、合约形式可以自由选择，制度费用小很多。张五常通过对中国的计划经济制度和其他拥有私人产权制度的国家进行比较分析认为，中国在计划经济下的经济无效率深层次的原因在于产权制度安排带来的高额交易费用。张五常首先将产权经济学理论介绍给中国经济学界，为经济改革做出了杰出的贡献。

5. 对西方产权理论的评析

（1）西方产权理论的合理性与贡献。西方产权理论对经济学有着重要的贡献和作用，它的新观点、新方法丰富了经济学的分析思路，拓展了经济学分析的视野，西方产权理论作为西方经济学的一个分支，推动现代西方经济学不断向纵深发展。

第一，将“产权”引入经济活动和经济行为的分析，是对正统经济学的批判。自马歇尔以后，西方经济学将经济学规定为研究既定制度下资源配置的学问，这与古典政治经济学关注制度的传统相背离，使得西方经济学未能从本质上分析与经济发展密切相关的其他因素，如忽略生产和交换过程中的产权等问题。以科斯为首的西方产权学派重新强调财产权利的重要性，将“产权”引入经济活动和经济行为的分析，在剖析企业、经济的外部性、土地合约等问题上有新的理论发展和创新。西方主流经济学多数使用数学模型分析经济问题，分析的经济状态是存在着众多前提假设的理想经济状态，这样使得分析脱离实际，在现实中难以应用。而产权理论则注重对现实经济问题的分析，对西方主流经济学过度使用数学模型分析经济问题进行了修正，理论模型上更具有现实意义。

第二，西方产权理论的一些新观点、新方法丰富了经济学分析的思路。西方主流产权理论采用新古典主义加上交易费用的分析范式，在新古典经济学的框架内加入交易费用内容，交易费用使所有权的分配成为经济分析的重要因素，使制度结构成为理解经济的关键。西方产权理论向我们清晰地展示了产权分析涉及政府、企业、组织以及各方参与者。例如，对企业家的激励问题曾一度成为理论界讨论的热点问题。西方产权理论重视制度、交易和产权体系，从较深的层面解释经济发展的动因，推动了西方经济学研究向纵深发展。

第三，“交易费用”的提出，拓展了康芒斯的理论，对产权问题的分析具有创新的观察价值。制度学派的集大成者康芒斯曾对“交易”进行过讨论，认为交易的实质是人与人之间对物品未来所有权的转让，即交易是所有权的关系，本质是人与人的关系。科斯、张五常、德姆塞茨等将“交易费用”引入经济分析，运用交易费用的概念解析企业的产生和规模的变动、解析土地合约的类型及其选择、解析产权的功能和变动等，交易费用成为西方产权理论的核心。虽然他们对交易费用的界定和运用还存在很大的缺陷，但是开辟了一种新的经济分析视角，是值得肯定的。

（2）西方产权理论的不足之处。西方产权理论也同其他任何一个理论和学科一样，产权理论自身也存在缺陷和不足，成为以后理论研究改进的方向。

第一，科斯定理的缺陷。“科斯第一定理”零交易费用的假设前提脱离实际。科斯在《社会成本问题》中也承认这一点，“迄今所阐述的观点都假定……在市场中不存在成本。当然，这是很不现实的假定。为了进行市场交易，有必要发现谁希望进行交易……这些工作的成本是很高的，任何一定比率的成本都足以使许多在无需成本的定价制度中可以进行的交易化为泡影”。另外，科斯在阐述企业的产生问题上存在循环论证。一方面，科斯认为企业的存在是由于交易费用过高，另一方面，又认为交易费用的高低由企业内部交易与市场交易费用的比较来决定，陷入了循环论证。

第二，交易费用的理论不足。首先，交易费用的概念和界定不清晰，框架含糊，外延过于宽泛。从大的方面来看，产权理论对于交易费用的定义有三类：第一类是由科斯提出，斯蒂格勒加以阐释的，把交易费用定义为“利用价值的费用”，这一观点混淆了交易费用与信息费用的内涵，交易费用的具体构成和机制不明确，缺乏行为理论基础；第二类由阿罗、威廉姆森提出，将其定义为“经济体系运行的成本”，将研究重点放在比较制度分析上，但是由于比较静态分析需要有可供对比选择的多种制度安排为前提，但是制度安排又往往不存在，所以这一定义失去了分析的意义；第三类是由张五常和诺斯提出的，“所有不直接发生在物质生产过程中的成本”，这个对于交易费用的定义外延扩展较大，在处理制度绩效和成本收益问题上仍然存在许多问题和矛盾。其次，交易费用内容复杂的，包括收集信息费用、谈判和签约费用，还包括在契约实施过程中所发生的费用和风险等，而且费用的量化几乎是不可能的，所以交易费用缺乏可操作性，应用性大大减弱。最后，交易费用作用被夸大，始终放在经济分析的首位，被用来解释所有的制度现象，在很多情况下，交易费用并不是主导因素。

第三，过分强调私有产权的重要性。西方产权理论主张私有制，才能使产权明晰和经济运转高效率。在存在外部经济效应时，国家无须采用传统庇古方法进行干预，市场机制会自动调节，实现帕累托最优。但是当国家出面界定产权时，由于存在个人的机会主义动机和信息障碍等问题，即使产权清晰，市场机制也未必实现最优配置。外部性有可能阻碍市场机制发挥作用，甚至会出现损害社会秩序的情况。所以，当出现外部经济效应时候，要根据具体情况来实行国家的或者市场的处理办法。

三、马克思产权理论与西方产权理论的比较

1. 马克思产权理论与西方产权理论的联系

西方学者 S. 配杰威齐认为，“马克思是第一位有产权理论的社会学家”①，单就《资本论》而言，就可以堪称人类思想史上第一部比较完整的产权经济学体系。我国以刘诗白、吴宣恭、吴易风等为代表的一批学者深入研究了马克思的产权理论。学者们将马克思的产权理论与西方学者关于产权理论进行比较，存在着一定的共同之处：①两者都强调产权和制度的重要性，认为制度是影响经济绩效的重要因素；②两者都指出产权所反映的实质是人与人之间的关系，强调产权和法律制度对经济发展所起的作用，把经济利益问题作为产权关系的核心问题进行

① S. Pejovich, Karl Marx. Property Rights School and the Process of Social Change, Karl Marx's Edited by J. C. Wood, Vol Ⅳ, Croom Helm, London, 1988, p. 240.

研究；③两者研究的内容也有重叠，都研究了商品所有权之间的等价交易关系，也研究了包括资本、土地、股份公司所有权及所有权与其他权能的关系等相关的产权关系。

2. 马克思产权理论与西方产权理论的区别

（1）研究目的不同。经济学具有阶级性，马克思研究产权的目的在于揭露资本主义产权制度的本质，阐明其产生、发展和灭亡的规律；而西方产权理论以交易成本为基本分析工具，按照交易成本的大小调成产权关系和法律制度，借助产权解决市场运行中的问题来实现资源的最优配置，其目的是维护完全自由的市场制度，从而证明资本主义私有制经济的唯一合理性。

（2）研究的视角不同。马克思将产权纳入财产、法权、所有权和财产关系的范畴，通过经济基础对法律等上层建筑的决定作用，对产权进行分析，所以马克思对产权的研究隶属于经济学产权范畴（程恩富，1997；胡立法，2009）；而西方产权理论从法权角度阐述产权，强调产权法律界定对资源配置的决定作用，所以它的产权属于法学产权范畴。

（3）产权演进动力的观点不同。马克思认为产权是一个历史范畴，是随着生产力的发展水平及分工状况产生和发展的，生产力与生产关系、经济基础与上层建筑之间的矛盾是制度变迁的根本动因，资源配置效率提高只是制度变迁的必然结果；西方产权理论将效率作为产权演进的主要动力，在他们看来，一切矛盾都可以通过降低交易成本的产权制度的变革得到解决，私有产权制度是提高经济效益的唯一方法，私有产权是一个永恒的范畴。

第二章
农村土地流转的理论构成及现实意义

第一节　农村土地流转的理论构成

一、农村土地流转系统构成

农村土地流转系统主要包括地方政府、村委会、农户和中介组织。其中，前三者更为重要，并且两两之间关系密切。

1. 基于政治利益与经济利益驱动的地方政府积极参与农村土地流转

地方政府在农村土地流转过程中处于强势地位。根据《农村土地承包法》规定，县级以上地方人民政府农业主管部门依照各自的职责，负责本行政区内农村土地承包及承包合同管理。乡镇人民政府负责本行政区域内的土地承包及承包合同管理。根据《中华人民共和国土地管理法》，农村土地使用权的流转除需双方协商一致，还需上报到上级农业行政主管部门。从而可以得出结论，地方政府对农村土地拥有着广泛的管理权，尤其是县乡两级政府，它们处于基层，但其决策直接影响农民的利益。而且，地方政府同时也行使对农村企业建设用地的批准权，这同样直接影响农民的切身利益。因此，地方政府在土地流转过程中，拥有着强大的法律权利，也容易侵犯弱势群体——农民的权益。

实际上作为服务者的地方政府在农村土地流转过程中应该提供相应的具体服务。根据《农村土地承包经营权流转管理办法》，县级政府农业行政主管部门负责本行政区的农村土地承包经营权流转及合同管理的指导。乡级人民政府农村土地管理部门履行办理土地流转合同、指导流转合同签订、登记流转情况并造册以及对成立的合同相关物件归档保管等。从该管理办法中可以得出结论，地方政府应该在土地流转过程中积极服务，以促进并规范农村土地流转。①

地方政府受到政治利益驱动将积极参与农村土地流转。地方政府受制于中央政府，而中央政府鼓励农村土地流转，以实现农业规模化经营，推进农业现代化进程。因此地方政府为了执行中央政府命令，存在进行农业土地流转的政治利益驱动。虽然地方政府在农村土地流转过程中拥有较多的现场决策信息，但是中央政府在现行法律和政策框架内仍处于领导地位。因此，地方政府为了地方政绩，将极力推行农村土地流转，并有可能使用行政力量推进农村土地流转。

经济利益促使地方政府推行农村土地流转。地方政府存在发展地方经济的责任与压力，而根据现实情况，非农土地的报酬率远远高于农业用地的报酬率。因此，地方政府为了扩大财政收入，增加经济产值，则会积极推进农村土地流转。而政府在某些情况下，可以以低价征地，然后以高价卖出，两者之间巨大的差额将成为政府重要的财政收入来源。

政府在农村土地流转过程中享有制度设计权，容易侵犯农民利益。地方政府有着农村土地流转的政治目的与经济目的，同时，其在农村土地流转过程中既是土地流转的推动者，也是制度的安排者。这种双重角色，容易导致地方政府在土地流转过程中，使用国家权力侵占农民权利。但是，地方政府的行为仍受到中央政府和普通民众的监督，这将有助于对其行为进行约束。

---

① 刘洋，刘慧君. 农村土地流转主体决策模型分析［J］. 商场现代化，2009（31）：102－103.

2. 村委会

村委会在农村土地流转过程中能够起到促进农地流转的作用，它本身也具有动力推动农地流转，特别是在国家及各地政府积极鼓励农地流转的大环境下，村委会成为最基层的农地流转正规组织，但在此过程中也可能侵犯农民的利益。村委会在农地流转过程中承担着众多角色，它首先是农地流转的协调人与中介组织。村集体对农村土地拥有所有权，其他任何集体或者农民个体对农村土地均没有所有权。除去国家所有或者依法征收的土地外，包括农民的宅基地、全部耕地、林地、水域等农村土地，还有村委会、村办企业、村办学校等机构的土地均属于集体所有，可以称为集体土地。和社会团体、行政机关、企业法人等不同，村集体本身具备自身政治与法律性质，其在农村土地流转过程中起着重要的中介服务作用。[①] 尤其是当前我国土地流转市场尚不健全，相对缺少土地流转中介机构和信息交流平台，而村集体拥有土地的所有权和发包权。所以村集体应该承担起中介服务责任，在土地流转过程中提供规范服务，引导土地流转，帮助土地流转信息进行有效快速传递，以扩大流转范围和效率。尤其是在大规模连片流转时，村委会积极介入，协助其确定流转价格、年限、支付方式等，促进土地流转。并且村委会能够将土地流入方与土地流出方的信息进行双向交流，并助其成功谈判，同时提供交易场所。除此之外，村委会还承担着双向代理人的角色。村委会不仅代表着农户，为其提供服务，增加其价格谈判能力，而且村委会也需要代理农业大户、企业和合作社，促进其土地流入。这种双向代表的角色最终能够促进整体农地流转速度与规模。村委会在农地流转过程中除了给多方带来利益外，自身也有自己的利益获得。各级政府鼓励农地流转，对于农地流转过程中有较好业绩表现的村委会将实行奖励，因而村委会能够获得来自上级单位的现金奖励；有些村委会作为农地流转的中介组织也可以收取一定的管理费用。随着农地流转程度的加深，农村中被闲置的荒地等逐渐被村委会整理，然后村委会成为土

① 吴园庭雁．农村土地流转主体博弈及制度选择——以农地转化非农地为例［J］．经济师，2015（10）：78－80.

地的流出方参与到农地流转中。村委会也可以成立农业专业合作社，成为农地的流入方。村委会的以上角色无疑给农地流转增添了有利能量，但同时也可能引发一些问题。例如，村委会在农地流转过程中作为中介组织收取一定的费用，而这些费用存在截留农民流转土地收益的嫌疑。而村委会在农地流转过程中所发挥作用越大，其寻租空间则相应扩大。部分村干部有可能从中收取不法贿赂。在正常情况下，村委会应该承担其土地流转过程中的监督者角色，对农村土地流转后是否非农化、非粮化等进行监管。但在现实中，村委会有可能联合更广泛的利益相关者，在农地流转后，私下改变农地用途，将其用于商业等用途，以获取巨额利益。由于村委会在农地流转过程中成为流入方和流出方双方的代言人，其风险也相应提升。一旦流转终止，则村委会也可能需要承担相应损失，最终与流入方和流出方一起转变为受害方。

3. 农户

农户是农村土地流转过程中的重要主体，但是其在该过程中并没有主动性，反而比较被动。土地是农民赖以生存的基本生产资料，而土地流转的关键在于农民是否愿意将其进行出让。这受劳动力转移、从事非农产业收入等因素的影响。在农村土地流转过程中主要涉及农民的承包地与宅基地，而承包地与宅基地的分配权掌握在村委会，并且村委会同时也掌握着村集体的其他土地。农民在农村土地流转过程中，往往缺少能够代表广大农民利益群体的机构，再加上农民文化水平较低，对于农村土地流转不能够做出准确、客观的判断。因此，在土地流转过程中，一些行政力量容易影响农民，而最终导致农民在土地流转过程中被动状态的形成。在流转过程中，如果农民对土地流转收益不满意，他们往往借助非常规渠道去争取利益。

农户利益诉求存在差异。我国农村中的劳动力已经开始进行转移，部分农民早已从事非农行业；而从事非农行业的农民对于土地流转的态度与利益诉求，与依靠农业生存的农民的态度与利益诉求并不相同，两者之间存在一定的差异甚至矛盾。

农民在农村土地流转过程中是否愿意将其土地进行流转，主要取决于以下因素：对土地流转法律及政策的了解程度、比较利益、观念因素、流转对象因素、流转方式因素以及农民人口统计学特征。

在农村土地流转过程中，由于农民受教育程度较低，对于流转法律及政策无法完全正确解读，导致其对土地流转持怀疑态度，担心自身权益及利益无法得到有效保障，因而拒绝进行流转。由于农民个体小规模从事农业生产的成本上升，即化肥、种子、农药等价格的上涨，使得农民愿意继续从事农业生产的意愿下降，加之与土流转后的收益相比较，农民更愿意将土地进行出让。农民传统观念在某种程度上也束缚了农村土地流转，农民习惯于自给自足的生活方式，这一生活方式的转变，农民也需要付出相应心理代价，从而使农民流转土地的意愿下降。土地流转的受让方包括种植大户、企业、合作社等。而根据受让方的不同，农民更愿意将土地流转给种植大户，并更加倾向于村内流转。农民在土地流转方式中更偏好于转包和出租，因为这两种方式仍保留了原农户的承包权，并同时获得稳定的经济收益。所以这两种方式农民更容易接受。而农民的年龄、受教育水平和职业等也对其是否进行土地流转产生影响。农民的年龄越大，越不倾向于将土地流出；而受教育水平越低，从事非农产业的机会越少，因此也不愿意将自身土地流出。

4. 中介组织

我国农村土地流转大多由农户自发进行流转，而中介组织的建立则相对滞后。而这些中介组织包括民间自建组织、政府设立组织、村委会代理。

在土地流转过程中，以村集体为主的中介组织居多。这种组织的工作职责一般由村委会和村民共同组成。而农村土地流转不仅关乎农民个人的切身利益，也是政府部门的重要工作内容。所以在土地流转过程中，政府部门成立土地流转平台，建立土地承包服务中心，免费提供流转土地信息和相关咨询服务，在土地流转过程中，承担起了服务者和监督者的双重角色。目前我国许多地方的市、县、乡建立起来三级联网土地流转管理服务系统，对农村土地流转进行统一指导与管理。除此之外，农村产权交易所也是重要的土地流转中介服务机构。村集体、农民个人和农民经济组织三者共同构成了农村产权交易所，农村产权交易所同样也提供农村土地流转相关信息，为农村集体建设用地出让和出租、农村承包地经营权流转、农村宅基地交易等提供便利。在农村土地流中，股份合作社也是一种高效的中介服务组织，土地承包经营权和宅基地的使用权将作为入股股份合作社的基础条件，以便对土地进行大规模统一流转，实现农村土地更高效的资源配置，以实现集约经营。

以上中介组织的功能具有一定共性，可以概括如下：首先，这四种中介组织在土地流转过程中都可以提供相关供给与需求信息。中介组织一般均尽可能收集较多的关于流转土地的基本信息，包括土地的地理位置、历史使用状况、农地肥沃程度以及历史交易等。通过这些有关流转土地的详细信息的披露，将更多土地流转供给方与需求方链接，激发更多主体之间能够进行土地流转。其次，农村土地流转中介机构可以提供专业的法律援助、银行贷款、资格办理等服务。中介机构在农村土地流转过程中首先可以帮助土地流转需求方确认被流转土地是否产权清晰，同时帮助流转双方确认身份，使双方资质进行法律确认，进而对农村土地流转提供法律保护。同时，中介机构可以通过专业服务加速农村土地流转进程，缩短交易时间，为交易双方提供交易便利。除此之外，这些中介组织可以根据农地流转供求情况实行差异化价格策略。在农地交易过程中，中介组织机构提供专业服务，促进了供求双方的交易，因此将收取一定的费用。在农地大于供给需求时，中介组织可以向需求方收取较高的费用，而向供给方收取较低费用，从而对两者的利润和成本进行调节，进而对供求双方的交易行为也进行了调节。最后，农地在流转后可能出现使用不当的情况，而中介组织机构可以对其进行监督。农地流转是为了实现规模化经营，以提高整体经济收益。而在土地流转后违规使用农地，将不利于农地流转目标的实现。中介机构有能力对其进行监督，并对其违规行为进行信息披露。中介机构在土地流转过程应该发挥其作用，以促进更广泛的农地进行高效规范流转。

二、农地流转中农户、村委会和地方政府之间的关系

1. 农地流转过程中农户、村委会和政府的目标

（1）政府目标。地方政府在农地流转活动中，其中一个主要目的是贯彻来自中央的政策。因此，有些地方政府官员将农地流转作为一项政绩工程，极力推进农地流转，借此提升政府业绩，并获得个人升迁的政治资本。同时，农地流转中地方政府的介入，确实规范了农地流转，给农地流转创造了一个良好的制度环境，有力地维护了流转双方的权益，同时也提升了地方政府的威信。地方政府进行土地流转的另一个原因是能够从中获取经济效益。农地流转能够极大地改善土地资源配置效率，通过规模化经营，能够方便先进技术的应用，最终提升农地的产量与经济效益。这样能够给地方政府税收带来好处，地方政府也能够获得来自于国家的补贴。

（2）村委会目标。村委会是农村基层的自治性组织，它能够代表广大村民意愿执行决策，以对农村的公共事务等进行管理与服务。村委会在农地流转过程中处于最基层地位，也起着至关重要的作用。根据我国目前农村实际情况，土地零散分散，经营效率低下，而农地流转市场并不健全，流转主体信息流通不畅，流转风险高，村委会则可以起到中介作用，积极参与农地流转，为流转双方提供规范服务，以促进农地流转规模和效率的提升。实际上，农地所有权归村委会所有，其也有相应责任对农地流转进行管理，以维护国家利益和农民利益。除此之外，村委会参与农地流转也有相应的经济动机，因为村委会作为中介机构可以收取一定的管理费用等。

（3）农户目标。农民受到自身年龄、受教育程度、家庭劳动力构成、收入结构等因素的影响，而这些因素将最终决定农民是否参与土地流转。农民参与土地流转的目的不尽相同，部分农民为了实现农业规模化的经营，应用新技术，提高产量和收益。而有些则是因为没有其他生存技能，通过土地流入，投入更多的

劳动，实现增加收益的目的。而农户中的土地流出方则是为了获得经济收益，同时可以从事非农产业，以获取更高收入。

2. 农地流转过程中农户、村委会和政府相互关系分析

（1）政府与农户之间的关系。地方政府在农地流转过程中有着自身的政治目的和经济目的，所以地方政府对农地规范流转确实起到积极作用，但是基于其政治和经济目标，都会对农民农地流转进行干预。地方政府对农地流转是否干预的决策取决于收益比较的结果，即当地方政府对农地流转进行干预时，则意味着干预比不干预时，地方政府的收益更高，反之亦然。而农户是否选择土地流转也取决于其自身收益比较，即当农民从农地流转中所获租金高于经营农地所获收入时，则会选择土地流转，或者当农民从事非农产业所获收入与从农地流转中所获收益的和，大于经营农地所获收入时，也会选择土地流转。

（2）政府与村委会之间的关系。村委会积极执行地方政府所下派的农地流转政策，促进农地规范地大规模流转，以提高农业收益。而地方政府则为农地流转创造一个更加公正、安全的流转环境，保障农民能够获得相对公平的收益，以提升地方政府的政绩，进而获取中央对地方政府的奖励与补贴。地方政府为了政治目的与经济目的，会积极对村委会在农地流转中的角色进行监督。而村委会为了自身收益和获得农户支持也会积极介入农地流转，以保障农地流转正常有序进行，保证农民利益不被新型经营主体侵犯。因为除了农户之间会发生农地流转，越来越多的新型农业经营主体也参与其中，如企业、农民合作社等。这些新型经营主体的加入，无疑对加速农地流转十分有益，他们为了获取集中连片的土地和较长时间的农地流转期，会积极与村委会互动，而村委会则应该在保障相对弱势的农户个体利益前提下，促进两者之间进行农地流转。

（3）村委会与农户之间的关系。原则上，村委会应该是广大农民的利益代表，在农地流转过程中，应该代表农民在与其他主体进行谈判时，为农民争取更多权益。但是村委会本身有自己的独特利益，他们可能利用自身优势去为自己获取更多额外利益。最重要的是，地方政府能够对村委会的行为进行约束，所以村

委会在更多的时候将作为政府的代言人，站在地方政府的利益上开展工作。特别是当农户不愿意进行农地流转，而地方政府积极促进农地流转时，村委会往往会从地方政府利益出发，并对农民进行劝说，以推进农地流转。

三、农村土地流转动力机制

1. 劳动力转移

农业生产过程涵盖资源配置过程，其中主要包括对劳动力和土地资源的合理配置。但这种资源配置过程随着技术变革和经济发展而发生变动，该变动主要体现在劳动力资源配置方面。具体表现为劳动者由农业部门向非农业部门进行转移，原农业劳动者在转移过程中，其职业身份、社会身份、财产等均进行移动。除此之外，农村劳动者家庭成员也将随着劳动者的迁移而进行转移。尽管农村劳动力转移是一个复杂的过程，但其具有历史必然性。因为城乡发展速度存在差异，农业生产率与非农生产率之间差距日益扩大。城市与农村相比较，城市就业机会较多，且农业收入远远低于非农业收入。因此，农村劳动者为了自身发展与利益，主动转移至城市。而农村劳动力的转移，切实推进了城镇化进程。学者谭丹研究发现，非农就业对土地流转产生正面影响。① 这说明，非农就业人口的增加，将激发土地流转的加速。除此之外，小规模的农业经营无法产生高利润，导致了农村劳动者不愿意对土地资源进行持续的劳动力投入，进而进一步激发农村劳动者迁移。而大部分剩余在农村的劳动力均为老弱妇孺，削弱了农村土地创造价值的能力，也使农村发展基础被破坏。

农村劳动者离开农村意味着劳动者需要与土地分割。土地承包经营权流转的匮乏将导致转移的农村劳动者土地闲置，失去创造价值能力；而未向城市转移的农业经营大户，如果没有土地承包经营权流转机制将无法实现规模经营。根据我

① 谭丹，黄贤金．区域农村劳动力市场发育对农地流转的影响——以江苏省宝应县为例［J］．中国土地科学，2007，21（6）：64－68.

国经济稳定发展现状，农村劳动力转移将持续进行，而土地也将在劳动力匮乏与劳动力充足的家庭之间进行流转。农村劳动力受教育水平不断提高，其向非农产业流入的能力不断增强，其土地闲置可能性也随之提高。这最终都将激发更高的土地流转需求。同时，农业人口的社会保障制度更健全，土地不再是农业人口的唯一生活保障。农村劳动力将进一步从农业中解放，其将流入非农产业，以寻求更高的收入保障。乡镇企业的兴起与发展，使农业人口转入非农产业变得更为便利。农村劳动力可以不必背井离乡而获得非农就业机会，提高自身收入，这将更直接地推进农村土地流转。Giuseppina Siciliano 认为，中国的城镇化与工业化首先促使劳动力转移，进而使农村土地利用结构发生改变。[①] 因此，农村土地承包权的有效流转与有序流转源自于农村劳动力转移，也进一步促进了城镇化，实现了农村土地利用价值扩大化，推进了城乡协同发展。

2. 地方政府对农村土地流转的推动

从中央至地方各级政府均对农村土地流转起到积极的促进作用。从 1988 年起，中央政府准许农村土地流转，并制定各种规章制度规范土地流转。1994 年出台《关于稳定和完善土地承包关系的意见》，承包方在不擅自将耕地转为非耕地的前提下，可以依法转包、转让、互换、入股。2003 年出台并实施《中华人民共和国农村土地承包法》，其对土地流转形式、原则等做了明确规定，进而从法律方面严格规范了农村土地流转。2005 年出台《农村土地承包经营权流转管理办法》，再次对土地流转行为进行了规范。在 2018 年出台的《关于引导农村土地经营权有序流转发展农业适度规模经营的意见》中，除了进一步明确对农村土地流转的政策要求外，也强调了要保证农村土地承包关系的稳定。对于农村土地流转形式、流转行为、土地经营规模、土地流转用途管制等问题进行更明确的规范。从这些法律法规、政策意见中可以看出，中央政府对于农村土地流转问题的高度重视，进而也有力地促进并规范了农村土地流转。

① Giuseppina Siciliano, Urbanization strategies, rural development and land use changes in China: A multiple - level integrated assessment [J]. Land Use Policy, 2012, 29 (1): 165 - 178.

为了农村稳定发展，也为了农业增产和农民增收，各级地方政府积极介入，出台相关政策，有力地推进农村土地流转。地方政府在规范农村土地流转过程中也起了重要作用，一些政府工作人员能够深入第一线，当面解答农民心中有关土地流转的疑问，以排除农民对土地流转的担忧和坚定农民土地流转的决心。地方政府同时进行农村土地试点工程，并在试点农村制定更具体的工作办法。对于成功进行土地流转并产生积极效益的典型实例，进行广泛宣传，以扩大农村土地流转范围。而村集体在农村土地流转工作的第一线，其为了发展农村集体经济，也为了更好地完成上级政府指派的目标，村集体积极投入农村土地流转工作。地方政府能够对农村土地流转问题进行政策指导，也能够节省农村土地流转过程中的交易成本。

虽然我国各级政府出台了许多农村土地流转政策，但是农村土地流转程序不规范等现象仍旧存在。这对农民和投资者的利益造成极大损害，也影响了农业现代化进程。因此，更多农村土地流转管理服务中心不断成立并完善，而这些服务中心能够对农村土地流转过程中出现的纠纷进行及时解决。以更规范、更合法地进行农村土地流转，更好地维护农村稳定发展。

3. 农村产业结构优化

农业实现根本性发展需要与相关产业进行整合，走一体化发展道路。在过去相当长的时期内，我国农业着力于提升农产品的数量，以实现增收和农业的发展。但是随着经济发展和居民生活水平的提升，消费者不再停留于对初级农产品的需求，而转化为对深加工农产品的高级需求。因此，为了满足市场需求，也为了实现农业突破式发展。必须进行产业结构优化，对农产品进行深加工。尤其是我国国内市场对外开放后，国际农产品进入中国，对我国农产品市场形成强烈的冲击。为了应对国外农产品挑战，也为了自身农业更好地发展，农业产业结构优化势在必行。而农业产业结构优化，必须需要工商企业的加入。工商企业可以实现生产规模化，降低交易成本。而农业企业可以通过前向一体化，更好地实现降低交易成本的目的。工商企业为了实现前向一体化，可以向农民或者村集体租赁土地，也可以通过“反租倒包”协议，向农民提供技术、化肥和农业基础设施，而农民按照合约进行生产，并将生产出来的农产品出售给企业。另外，也建立农业企业伙伴关系公司，由多个农民合作生产，共同服务于一家企业。这样工商企业可以获得稳定的生产基地和农业原材料，并保证了产品质量。工商企业显然需要投资于规模化生产的土地，而单家独户的经营模式无法适应这一需求。因此，农村土地流转后所形成的生产基地成为农业产业结构优化的基础，而农村土地流转成为产业机构优化的根本性前提。

4. 农业规模经营推进农村土地流转

农业产业结构优化过程中需要使用新技术、新手段，而新技术与新手段必须应用于规模化经营的土地。由于土地按照人口、远近、好坏等分配给农民，造成耕地本身分散，最终导致农业经营分散。所以农村土地细碎化问题成为新技术应用的障碍。可见，小规模的土地管理使得应用先进的科学技术成果变得困难，最终妨碍提高农业生产力。这造成了农民对于农业生产投入度下降，进而进行粗放式土地管理。无法应用新技术提高土地利用率的一个主观原因是，农民进行小规模土地经营的目标不是获取最大产出，而是将其作为基本口粮的保障。因此，农民没有应用新技术进行农业经营的内在动机。另外，不合理的耕地利用导致土地出现沙化等问题，耕地急剧减少，环境恶化，生态系统被破坏。小规模农业经营也没有足够的土壤保护和改善措施，加之农药化肥的不合理使用，高质量可耕地正在减少，最终造成土地输出效率不佳。因此，部分农民放弃耕地，放弃种植农作物，减少了粮食生产，加剧了人地矛盾，危害了粮食安全。李志波、周晓辉（2009）通过研究发现，农村土地流转已经具备条件，农业生产的机械化与规模化已经迫在眉睫。因为农田水利等基础设施比较落后，资金投入少，导致高水平农业技术无法应用，农村土地细碎化问题突出，资源、能源浪费严重，导致农业生产效率低下。所以这些现状最终将激发农村土地流转。[①] 故必须以大规模经营

① 李志波，周晓辉．土地流转的合理性及价格探析［J］．大庆社会科学，2009，5：54－57.

代替小规模经营。为了使农村土地集中连片，过去的做法是集体经营，但其成本更高，其效果不佳。因此，这种做法已经被历史否定。而依靠市场进行农村土地承包权流转成本更低，也能够激发农业大户的经营热情，这成为一种新的必然选择。因此，农村土地流转成为农村产业结构调整的基础条件，农村产业结构调整推动了农村土地流转发展进程。

四、农村土地流转约束条件

1. 土地承包权不完整

依据《中华人民共和国土地承包法》（以下简称《土地承包法》）和《农村土地承包经营流转管理办法》（以下简称《流转管理办法》），土地承包方可以自主决定土地承包经营权的流转及其方式，但是在这两个法案中仍规定了，发包方首先需要同意农村土地承包经营权流转，然后土地承包方方可以将土地进行流转。在实践中，具体体现为农村村集体对于农民的土地经营权流转的认可成为农民进行土地流转的先决条件，农村村集体对土地承包经营权仍有相当大的支配力，这就相应导致农民本身在土地流转过程中难以独立行使支配权。

2. 流转方式的限制

根据《土地承包法》规定，在发包方同意的前提下，有稳定非农职业及非农收入的土地承包方可以将其土地转让给其他农户。根据《土地承包法》和《流转管理办法》，通过招标、拍卖、公开协商等方式承包农村土地，经依法登记取得土地承包经营权证或者林权证等证书的土地承包经营权方可以抵押。法律法规对土地流转所进行诸多限制，造成土地承包经营权的流转期限过短，而参与土地流转的种植大户无法对土地进行长期投入规划。这些限制实际上也对真正实现规模化经营形成了阻碍，使土地流转不能顺畅进行，土地零散现状难以出现根本性改变，种植大户无法从土地经营中获取高收益。

3. 政府引导与服务缺位

农村土地流转立法仍有待完善。现实中仍存在具体的土地流转事实无法得到法律确认，对于参与土地流转的主体的权利与义务无法做出明确规定，这对于农村土地流转形成重大障碍。戴志华（2010）研究发现，农民在进行土地流转过程中，很少签订正式合同，多数为农户之间的口头协议，因此造成土地流转时间短，具有不稳定性，而且未来容易滋生纠纷。① 冷明智认为，农民在土地流转过程中，不仅存在农户之间的不规范行为，也存在企业与村集体之间的暗箱操作情况，这对农民利益造成极大的破坏。② 土地承包经营权变动登记制度仍需完善，这对农村土地流转安全形成威胁。农村土地流转过程涉及广大农户利益，交易过程缺乏政府监管，这使得参与土地流转的个体利益容易受到侵害，也容易使集体土地资产流失。农民对于土地流转缺乏相应知识与信息，而政府应积极对其进行引导与服务，以对农民利益进行保护，并促进农村土地流转的进一步发展。

4. 中介服务组织欠缺

农村土地流转多为农民自发行为，没有相应准则，也缺少相应定价指导，这使得农民在土地流转过程中利益受损，进而削弱其持续进行土地流转的动机。农民普遍受教育程度较低，活动范围较小，获取信息能力较差，这导致农民跨区进行土地流转的能力薄弱，因此，农民很难自发进行大规模的土地流转。中介结构可以对土地流转过程进行服务，以规范流转行为。中介结构也可以在更广泛的农户之间实现信息的互通，以帮助农民形成更大规模的土地流转。大量研究也表明，中介组织服务的缺失抑制了农村土地流转。向邦伟（2013），张红玉（2013），邓泓鸿、宁静、陈国升（2015）通过对不同地方的研究，得出相似的结论：由于中介组织服务的缺位，使得农民之间信息沟通不畅，土地交易成本上

① 戴志华．湖南省娄底市农村土地流转研究［D］．湖南农业大学，2010.

② 冷明智．农村土地流转问题研究——以湖南省益阳市为例［D］．湖南农业大学，2011：18－19.

升，土地交易风险增高，继而抑制了农民进行土地流转的积极性，并降低了土地流转速度与规模。

五、农村土地流转影响因子

1. 家庭劳动力的数量与就业结构

家庭劳动力对于农村土地流出存在根本性影响，主要从家庭劳动者的数量和从事非农就业的情况进行剖析。具体表现为，一个家庭中劳动力数量较多，意味着该家庭的劳动力资源较为丰富，此类家庭更倾向于将家庭土地流入，以充分利用自身家庭的劳动力资源；反之，若家庭中多数劳动力进入了非农行业实现就业，这样家庭的土地更容易被流出。

2. 家庭收入结构情况

家庭收入结构直接影响农村土地流转情况。在农业较发达的地区，农业收入占总收入比例较高。农业为该类农户家庭的主要收入来源，因此，该类农民对土地依赖性更强，并不愿意将土地流出；反之，在农业欠发达地区，非农收入占家庭总收入比例较高，该类家庭更愿意将土地流出，将自身从农业中解放出来，进而从事非农行业以获得更高的经济收入。而在城市郊区，由于距离城市较近，从事非农行业机会较多，故该类家庭愿意将土地进行流出。

3. 社会保障状况

农村土地除了是农民的基本收入来源外，它也是最重要的农村社会保障。尽管我国社会医疗保障制度不断完善，农村医疗保障体系逐步建立，包括农村合作医疗保险等，但是该体系并不健全。所以土地作为农民生活保障的功能仍在发生作用，农民很难脱离土地，这种情况下，农村土地一般不会被流出。特别是在经济水平较差的农村，农民流出土地的意愿更低；而在发达的农村和郊区，社会保障水平较高，农民流出土地的意愿更强。部分学者通过研究，也证实了以上结论：由于农村社会保障体系不够完善，削弱了农民进行土地流转的积极性。巢向（2010）、向邦伟（2013）、邓志鹏（2013）在研究中发现，城乡二元结构在短期内无法打破，而农村社会保障体系也很难在短期内变得健全，土地作为农民生存的基础状态仍难以改变。在这样的情境下，农民不会将土地进行主动流转，因而造成土地流转进程整体滞后。农村社会保障体系并不完善，而且农民在城镇务工也无法享受到城市相应的医疗、教育、社保等方面的保障，所以农民不会轻易流转土地，而把土地视为自身最后的基本保障。

4. 土地情结

个体的决策受到认知和情感的影响，因此对于农村土地流转，农民对土地的认知与情感也会影响其进行土地流转的决策。具体体现为农民对土地的情感依赖越强，其进行土地流转的意愿越弱。反之，农民对土地的情感依赖越弱，其进行土地流转的意愿越强。已有大量研究也能够证明，农民的土地情结对农村土地流转决策产生重要影响。赵佩（2015）研究发现，农民受到浓重的土地情结影响，不愿意将土地转出，即使农民愿意将土地转出，其转出时间也比较短，导致农村土地流转不具有时间上的稳定性。罗迈钦、单再成、李青阳（2014）认为，农民受到土地情结的影响，加之对从事非农产业的风险估计，对于土地流转政策、收益等的不了解，农民往往会选择将土地闲置，作为心理安全保障，而不是将其进行流转以获得收益。罗迈钦等学者通过研究发现，农民在土地流转过程中，意愿不强，愿意参与土地流转的个体占总体比例较小，流转土地占总土地面积的比例也较少。[①]

5. 土地资源禀赋

农民是否流转土地受到其本身所承包的土地面积的影响。具体来说，如果农

① 罗迈钦，单再成，李青阳．基于规模经营的农地流转问题研究——以湖南省为例［J］．林业经济，2014（3）：27－31.

民承包的土地面积较大，这就意味着，该农民更加容易实现农业规模经营，收益也将有所提升。这种情况下，农民不愿意进行土地流转，除非流转后所获收入高于自身进行土地承包所获收入。

六、农村土地流转理论模型

1. 承包地流转的理论模型

我国工业化的发展进程加快，同时对于农村劳动力流动限制也被取消，农村剩余劳动力被解放，进而不断向非农领域转移。承包责任制是由农民集体经济组织自下而上的制度创新结果，这种土地资源利用方式已经充分发挥它的效应，并准确适应了当时经济发展需要。法律和国家政策认可农村土地承包责任制，农户虽然不是农村土地的所有者，但他们是主要的农业经营主体。我国人多地少，根据家庭联产承包责任制，每个家庭分到的土地难以使一个家庭的全部劳动力充分发挥效应，所以剩余劳动力需要找到出路以获得更多家庭收益。但实际情况是，劳动的非农转移并不是每一次都会导致土地流转，农户是把家庭收入最大化作为决策目标。农地流转的最大动力则是非农收入与农业收入差，当处于以下三种情况时，即使劳动力实现了非农就业，也不一定会导致农地流转：①农村劳动力无法获得非农就业机会；②家庭中有可以务农的老人；③农村劳动力可以在当地从事非农工作。农户在进行非农就业选择时，受到非农就业机会多少的影响。一般来说，非农就业机会少将使从事非农就业的劳动力变少，那么农业家庭的家庭收益也相应变少，反之亦然。而家庭劳动力在农业和非农业之间的分配决策受家庭成员特征的影响，受到家庭成员非农就业的能力和外部非农就业机会的多少。一个家庭之中存在一个劳动者从事农业或者在本地从事非农业，再或者有非劳动可以从事农业，那么就可以实现既进行农业经营，而同时使得其他成员从事非农就业。我们对农户做以下分类：如果家庭内部找不到能从事非农就业岗位的劳动力，称其为一类农户；家庭内部有可以务农的非劳动力，而家庭中还有其他劳动力从事非农就业，此类家庭可以实现非农就业，也可以同时从事农业，将此类型农户称为二类农户。在一类和二类农户类型中，农业不再是家庭主业，而成为家庭副业，即农业副业化。若在本地难以非农就业，又存在足够的非农就业岗位供农户所有家庭成员实现非农就业，我们将其称为三类农户，即“非农户”（但即使对于三类农户而言，他们成为承包地流转的土地供给方，但是，他们即使在城市从事非农产业，仍认为自身存在失业风险，可能回到农村继续从事农业，所以供给带有土地流转有期短、范围小、租金低等特点。但是，农村劳动力并非完全同质，有些农村劳动力在从事非农产业过程中学会了生存技能，有些则成为私营业主，有些成长为个体工商户，那么他们就具备了在城市生存的能力。这类农村劳动力回到农村从事农业的概率将降低。如果农户家庭成员有健康的非劳动力，农业也可能成为这种农户的副业，他们能够长期流转土地，作为土地流转的长期供地方。

目前，我国农地流转呈现以下特点：大量的短期土地流转，且流转土地分散，少量的长期流转。在农村，土地流入方往往以规模化经营为目的，对流转的土地进行主动需求。而流入方期望能够流入成片的土地，以方便经营和投资。一般此类交易是由一个流入方和多个流出方参与，并且以流入方作为农地流转主导方。这一方面使流入方收益扩大，另一方面流入方也降低了交易费用。为了实现规模经营和成片种植，流入方需要支付流转信息成本、谈判成本和匹配成本。因为最初资源流入的土地可能不能连片，所以为了实现连片经营，流入方需要说服阻碍其连片经营的土地经营者进行土地流转，这将导致土地流入方额外付出成本，此类成本被称为匹配成本。行政介入可以降低匹配成本，但也存在降低农户福利的可能。同时，因为流转土地并非都是长期流转，有退出流转的可能性，因此流入方还要应对此类退出风险。

在农村中，土地流转有的是以劳动力转移为目的，有的则是以规模化经营为目的。以劳动力非农转移为目的的流转，农户虽然会将农地流出，但是一般只将其流出至自身信任的其他农户，而流出方可能随时退出流转，收回土地，流入方则一般是非意愿流入，也很难实现连片经营，这样使土地细碎化更为严重，对于农业现代化并没有实际促进作用。但是以土地规模经营为目的的土地流转则便于实现连片经营，能够使流入方利益增加，也进一步激发其进行更多农业投资，在这种情况下，一般也是流入方主动收集土地供给信息。

根据以上分析，故土地流转可以被分为三类。如果农户不是主动接受土地流转，而是被动接受，且流入方是本地农民，具有流入规模小的特点，此类称为第一类农户。第二类是以农业商业化经营为目的，流入方包括本地大户、外来农民、合作社和农业企业等，且宅基地也可能被流入，农业生产设施方面也会产生大量需求。第三类则是转租，该类属于再次流转，是流入土地方把土地再次进行流转，并且第二类流转可以促进农业发展。由于第一类流转较为无效，所以应该将其进行转换，转换为第二类流转。而促使其进行转换，则需要新的政策或机制代替第一类土地流转中的信任机制，以增强流转效益。

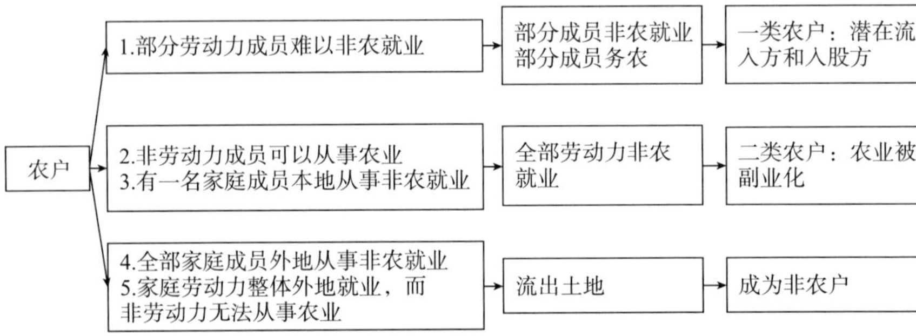

图 2 –1　承包地流转模型

2. 宅基地流转的理论模型

在现有法律框架下，农村宅基地使用权严禁流转。但是，如果进行房屋买卖，宅基地使用权可以进行转移。“一户一宅”是我国宅基地基本制度。1998 年以后，非农业户口居民不再有申请农村宅基地的权利。1999 年，《国务院办公厅关于加强土地转让管理严禁炒卖土地的通知》规定，城市居民不准许在农村购买农村宅基地，而农民自然也不可以向其出售自己的宅基地。所以农村宅基地只在农村居民之间进行流转。

集体经济组织拥有农村宅基地所有权，农户拥有宅基地之上的房屋。因为我国实行“一户一宅”，所以当农户流转自己的房屋，宅基地的使用权也将被流转。一般将农民房屋流转和宅基地流转共同称为宅基地流转。宅基地是由于为农业生产服务而存在，宅基地实行“一户一宅”，它属于特殊住房用地，它确实适合农户的需求和过去农业社会需求。在传统的农业经济体制之下，农村宅基地承担以下基本职能：它是农户生活之所，它也可以存放农业生产资料，也是农户进行种植和养殖的地方。由于宅基地为农业生产服务，所以法律严禁宅基地使用权的流转。

宅基地被集体经济组织所有，它造福于集体经济组织成员。正因为宅基地的这种特殊性，所以我国法律严禁宅基地的买卖。而且农民的生活和生产与农村宅基地息息相关，所以，如果农民不进行人口流动，那么宅基地的流转将不会发生。

而当前时期，农村劳动力非农就业造成农村劳动力转移，而农村劳动力非农就业程度及其稳定度决定了宅基地的流转情况，宅基地的流转往往产生于城市或工业区附近。因为我国工业化进程推进较快，农户从事非农领域工作机会增多。但是在现实情况中，农户也不会轻易把自己的土地转出，而是通过兼职非农产业来实现两者的兼顾。除非一个家庭中所有成员全部从事非农产业，没有任何一人从事农业，那么在此类情况下，宅基地将不再是农户生活和生产的必需品，农户会将宅基地进行流转，而不是将其闲置。宅基地的流转和承包地的流转一样，可以呈现“短期供给”和“长期供给”两种状态。一般当农村劳动力非农就业比较稳定时，则将会将宅基地长期流转或者出卖。但是如果农村劳动力非农就业不稳定，则更倾向于短期流转。综上所述，农村劳动力非农就业就造成了宅基地流转，而流转的长与短取决于农村劳动力非农就业的稳定程度。

农村宅基地由于劳动力非农就业而产生供给，而对于农村宅基地的需求一般在城乡结合部或工业区附近容易生产。而在较为偏远的农村，即使有宅基地的供给，但是对其需求仍比较小。以使用者为主体的宅基地流转无法使农村布局产生改变，因此对城市化土地集约使用并没有好处。以使用者为主体的宅基地流转对于“非农户”的农村家庭而言，能够实现利益最大化。但是现实有效市场需求量较小，宅基无法实现真正流转，宅基地利用效率仍旧比较低。根据现代农业要求和城市化需求，应该减少作为农业生产所需的宅基地，使得农村劳动力实现转移。农村集体经济组织拥有农村宅基地的所有权，减少宅基地的土地流转需要以土地所有者为主体。

以上任何一种方式的宅基地流转都具有短期特点。宅基地的流转可以是优化空置农民房屋，它无法改变土地利用布局，并且流转于农户之间，宅基地的流转也可以改变土地利用方式，可以整理土地，实现土地集约利用。①

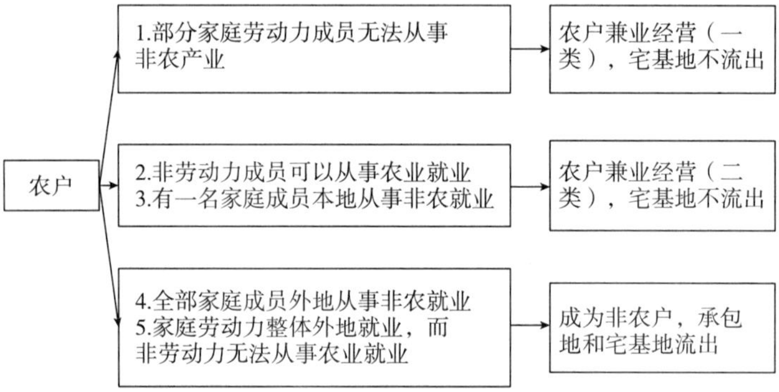

图 2－2　宅基地流转模型

① 周洁．中国农业供给侧结构性改革研究［D］．云南农业大学，2017.

第二节　农村土地流转的现实意义

一、农村土地流转改变农业结构

1. 农村土地流转改变农业经营结构

改变农业经营方式既是适应我国农业改革形势的需要，也是中国特色现代农业发展的必由之路。而农业经营方式改变的动力则为制度等相关因素，这些因素对农业发展起着积极的推动作用。依据当下现实，我国农业发展已经步入新的阶段，但土地产权制度需要完善、农户专业化水平低与市场竞争小、农民组织建设、农户高度零散和大市场相冲突等问题成为农业发展过程中的制约因素。随着产业化、信息化、国际化等快速推进，农业经营方式亟须改变，各类新型农业经营与服务主体逐步出现，这些变化均要求农业经营方式必须不断被创新和完善。

农村土地流转将从以下几个方面变革农业经营方式：首先，农村土地流转对农村土地承包关系进行了完善，它促进农业适度规模经营发展。而适度规模经营的发展又与当地农村劳动力转移的现实相符合。我国上海松江区和黑龙江省是农业规模化经营的典范，它们在政策指引、服务规模化及发展农业科技政策的推动之下，不断成熟。其次，农村土地流转深化变革农村集体产权制度，增强集体经济的服务功能。农村土地流转后，农村集体将发挥更好的服务作用。农村集体经济通过因地制宜、分类指导，将资产、资金与资源进行统一管理等方式，能够推进农业经营方式创新。再次，农村土地流转能够促进专业农民合作社的建设，便于发展农村专业合作化组织，也便于政府通过政策扶持和规范引导，以促进农业合作社的发展。再次，农村土地流转促进农业产业化经营、结构调整及产品升级。农村土地流转能够吸引新的农业经营主体加入，能够发挥农业中的龙头产业辐射带动作用，完善利益联结机制，制度建设不断被完善，科技创新和技术进步被重视和应用，产业布局被优化，农产品质量和安全将提升。最后，农村土地流转将推进并完善农业社会化服务，有利于相关农业基础建设，也便于创建面向市场的多层次和多形式的服务体系，高效、便利、综合的新型社会化农业服务体系也将更加完善。除此之外，农村土地流转激发农业经营结构改革，这使传统农民向新型农民转型，而新型农民将是高素质的农业经营主体，他们将是农业现代化建设的骨干力量。而农村土地流转也将使政府对农业扶持的职能更加完善，政府可以更好地完善农村土地流转相应政策体系，并进一步支持农业配套设施建设，最终形成职能统一、形式多元化的农业公益性和经营性组织，使我国农业社会化服务体系效率更高、覆盖面更广、整体更加完善。

实现农业的规模化经营能够显著提高农业生产要素效率，能够改变农业供给。要实现农业规模化经营，可以借鉴国外发达国家的农场规模化经营经验，以改变我国农业生产率低的问题。根据我国农业所呈现的碎片化经营现状，可以通过农村土地流转来扩大农业经营主体可经营农地的面积，使农业规模化经营具备可行性。农业实现规模化经营后，农业经营成本方可降低，以满足我国人民对农产品差异化的需求，也能促进农业的供给侧结构性改革，同时也对我国粮食安全提供了保障。我们可以从以下几个方面入手促进农村土地流转，激发农业规模化经营，最终为农业供给侧结构性改革提供必要条件：首先，在法律方面，国家及各级政府需要完善土地流转法律法规。例如，《土地管理法》第十五条要求，集体组织外的成员对土地承包经营权的取得应当获得三分之二集体成员的同意，并需要乡镇政府批准。对于大规模长期的土地流转，该流程及其有必要。该流程也能够规范农地流转，对农户利益进行保护。但是相对于小面积短期的土地流转而言，则使农地流转程序变得复杂，在某种程度上说，它限制了农地流转。根据该情况，我们应适度调整相应规定：若农地流转达到相应规模和时间跨度，土地承包经营权的取得应当获得三分之二集体成员的同意并需要乡镇政府批准，但是若未达到相应较大的流转面积和较长的流转时间，则不必经过该流程，可以通过村委会进行投票决定。其次，促进农地长期流转。为了实现农业长期投资与经营，应该确保农地使用权主体变动减少。我们可以对土地承包经营权进行适度调整，对于具有特殊性质的土地，如果经过相关申请和审批后，可以对其承包期进行延长。最后，通过提供更便捷的融资渠道降低农地流转成本。可以尝试通过政府设立保险基金，如果土地使用权抵押和入股，但是抵押人无法清偿债务，或者入股经济组织宣告破产。在此类情况下，可以由政府保险基金进行暂行支付，当然土地使用权将被代管，相应土地的收益用来清偿债务。

通过以上策略，将促进通过农地的长期流转以实现农业规模化经营。当农业实现规模化经营后，农产品供给的质量方可以提升，农业经营成本方可以降低，最终改变农业供给结构，实现农业供给侧结构性改革。

2. 农村土地流转改变农业生产结构

“粮经饲”统筹发展已经是大势所趋，特别是我国粮食生产能力已经处于较好水平，为了促进农业结构持续优化，我国政府出台了许多文件，主要体现为鼓励各个农业经营主体统筹“粮经饲”发展，将原有的“粮食—经济作物”模式转变为“粮食—经济作物—饲料作物”模式。我国农业产量虽然处于较好的水平，但是结构性矛盾比较严重，如稻谷、玉米产量过多。油料、糖料等农作物的国内价格与国外价格差距较大，进口量持续提升，生产量则持续走低。高质量饲草需求量较大，其进口量持续攀升。在我国，人对食物的需求量仅仅是各类饲料需求量的1/3，玉米需求量的3/4 主要是饲料。我国现阶段必须统筹“粮经饲”生产布局，使种养业进入良性循环状态，以解决农业结构生产和需求错位的问题。

而农村土地流转有助于“粮经饲”统筹，它也对种植业形成良性循环体系有所裨益，对于践行“大粮食、大食物”理念也起到推进作用。农村土地流转便于农业进行统筹规划、合理布局，能够有效优化粮食结构，提高农业生产效率，稳定农民生产收益，促进产业转型升级，保证我国粮食安全。农村土地流转后，形成规模化经营能够从宏观层面以需求为引领，以效益为中心，便于对农业从宏观视角进行科学规划，使得“粮经饲”统筹发展试点不断推广，更有利于农业技术的使用，最终促进农业产业体系的完善。农村土地流转后，也便于更多经营主体加入，便于其创建自主品牌，促使产销实现有效对接。

农村土地流转后，农业资源形成规模化，可以构建生态循环型示范农场，将种、养、渔、休闲合并为一个整体，使农牧渔相互结合，最终推动农牧的协调发展。在农地流转前，土地贫瘠有可能被闲置，但在流转后，可以将其加以利用，在场地中心位置建设猪场，种植橘林和多品种果树，并新挖鱼塘。也可以同时建设沼气池、贮粪场等，这样做法可以提高畜禽排泄物综合利用率和利用效率。除此之外，污水和畜禽粪发酵后将产生沼液、沼渣，而沼液、沼渣可以成为种植果树的肥料，这样可以大大降低种植果树的肥料成本，同时将有助于有机果品的生产。养鱼和水果种植均受益于发酵后的畜禽粪便，最终实现了果品质量和种植效益双提高，也帮助处理了粪尿和污水。而一体化农场也可以继续扩大产业链，可以建设农家乐休闲旅游项目，吸引消费者采摘新鲜水果、蔬菜，从而增加农民收益。故通过农村土地流转，降低了农业用药成本、饲料成本，增加了农产品品质，减少了废物排放，改善了土壤肥力，发展了副业，使农业形成了新的可持续发展系统。因此，农村土地流转能够帮助农、牧、渔进行组合和资源循环再利用，同时能够以市场需求作为引导，对农业进行合理的规划布局。也优化了内部资源配置，培养了专业人员，对农业发展进行了统一规划管理。政府也便于统一提供补贴、扶持和社会保障等。

农村土地流转便于进行统一规划，推进“种养加”一体化，使种植业、养殖业、农产品加工业协调发展。农村土地流转推进“种养加”一体化主要体现在以下几个方面：第一，农村土地流转可以吸引多种新型主体加入农业经营，如可以吸引企业进行农产品后期的深加工，企业可以建立于进行大规模土地流转的村庄，进行就地生产加工。当然这首先需要按照生产加工设备，然后将农业规模化生产出来的产品进行精加工和深加工，使产业链延展。同时，村集体便于对企业进行激励和引导，帮助其加大科技投入，创建自主农产品品牌，提高企业竞争优势，反过来保障农产品出口和农民收入的稳定。第二，农村土地流转有利于将企业和农民之间的利益进行捆绑，实现共同发展。农村土地流转后，企业作为新型主体加入农业，可以鼓励企业实行利润返还、股份分红等方式让利于农户，也可以反过来带动农产品的标准化生产，最终对产品所产生的增值收益进行共同分享。第三，农村土地流转对种养基地规模化建设有所裨益。农村土地流转后，进行标准化、规模化经营，推进牛羊由散养模式转变为适度规模养殖，也便于对养殖场进行升级改造，使技术配套设施完善，实现农牧循环发展模式，最终增强农业经营主体的市场议价水平。同时，农地流转后也便于政府强化科技支持政策，深入推进产业化发展政策，使规模养殖更标准化，同时推进规模养殖示范区的构建，进一步促进生产方式转变，最终提升生产水平。农地流转后也便于对农业进行金融信贷。地方各级政府可对财政惠农资金进行统一规划，持续增加对农业产业化企业的扶植。其他金融机构也可以推出更多样化的金融产品与服务，使有效担保物范围不断扩展，使信贷机制进一步健全。也应该通过该种方式改善贷款难的问题，加大对畜禽养殖的投资。农地流转能够使科技更好地服务于农业，对于与科研院所等组织进行合作的企业，政府应积极大力支持，促进两者之间的合作，积极协助科研院所为企业创建研发机构等。这将使得农业企业研发能力提升，便于改善现有生产工艺以及开发新产品。政府或者实力较强的农业经营主体可以开展技能服务型人才的培养，提升绝大部分农牧户“种、养”管理技术的能力。

农村土地流转将有利于现阶段农业结构调整，从调整品种结构、调整品质结构和调整区域结构三方面调整。①

第一，农村土地流转有利于改变农产品供给。我国农业当前最主要的问题不是绝对总量过剩，而是主要体现为农产品供给的结构性矛盾。我们需要调整玉米的产量，通过“粮改豆、粮改饲”控制生产，促进供求平衡。也需要发展优质特色农业和附加值高的畜养业，使其符合大农业、大食物的观念，以发挥农产品优势布局的带动作用，实现不同区域统筹协调发展。而农村土地流转可以通过优化农业产业结构，生产出生产效益高、销路好、品质好、竞争力强适销对路的农

① 韩一军，姜楠，赵霞，等．我国农业供给侧结构性改革的内涵、理论架构及实现路径［J］．新疆师范大学学报（哲学社会科学版），2017（5）：34－40.

产品。同时，农村土地流转后，可以从农产品总体供给上进行调整，针对现阶段造成巨大财政负担的水稻、小麦、玉米、大豆、棉花等农产品，通过短期内化解库存和长期产业结构调整相结合的方式改变该类产品的过量供给。

第二，农村土地流转将有助于提高农产品的质量。随着经济全球化，中国农产品生产必须适应国际国内两个市场的需求。鉴于中国谷物的基本自给率，调整农业结构将促进两个市场之间的合作，最终缓解中国自然资源和环境约束所带来的压力。中央一号文件提出，要"促进粮食、经济作物、饲草料三元种植结构协调发展"。根据该文件，农村土地流转将有利于国家从整体出发，对农产品产量与品质进行整体规划。农村土地流转可以促进玉米减产，增加大豆产量，同时提高牛奶质量。在农村土地流转之后，国家可以在库存压力下控制玉米的宏观生产。我们主张减少非优势地区的玉米种植，可以降低玉米产能，并采取必要措施促使下游加工企业购买国储玉米。农地流转后便于从供给方面着手，提高绿色产品和有机农产品的供应，减少一般农产品供给，增加高品质农产品，农业供应从基于数量转移到基于质量。

第三，我国农业面临来自于国际市场的农村品的有力竞争，我国农业急需改变发展模式，调整现有农业生产结构，同时也需要对农业区域布局进行重新调控，以达到缩小我国农产品与国外农产品之间的质量差。更严重的是，我国农业长期处于"增产不增收"的困境之中，这一直困扰着我国农业的发展。而目前则是我国农业经济面临的转型期，在转型期内需要确立大农业观念，需要重新规划国土资源，全面开发资源，最终满足我国消费者对于农产品的多样化需求。2015年，我国提出将要从农业的供给方面着手，以调整农业结构，并解决我国农业现阶段所面临的各种问题。我国农村的土地流转政策恰好能够促进我国农业进行产业升级，使农民农业投入成本降低，收入水平提升，生活水平也随之上升，最终激发我国农业较快发展，实现我国在农业方面以及在农村各个方面的工作目标。①

① 马泽波．农业供给侧结构性改革：多重困境与突破路径［J］．大理学院学报，2016，1（11）：18－23.

二、农村土地流转促进制度改革

1. 农村土地流转促进科技创新激励机制和保障制度改革

农业科技体制改革将能够极大地激发农业发展，相关的激励机制与约束机制应该并行，以发挥科技对农业发展的巨大推动作用。从我国实际情况进行分析发现，我国农业科技创新激励、保障机制主要涉及科技人员做实验和发表相应成果，但其成果转化为解决现实问题的能力仍有待开发。若想推进我国农业改革，必须改变这一现状。农村土地流转则可以促进我国农业科技体制改革。农地流转后，除了传统农民可以继续经营农业，企业也可以从事农业经营。而与单个农民相比，企业的科技创新能力更强大，科技创新的机制也更健全。企业之中的科技人才将深入农村，便于其进行科技创新，最终解决农业现存难题。农村土地流转后，农业企业的进入使一批批农业科技人才进入农村，其对农业的贡献相应也便于衡量，这更易激发农业科技人才的科技创新动机，不断降低农业经营成本和不断提升农产品品质，最终能够更好地发挥其对农业供给侧结构性改革中的积极推动作用。对于参与农地流转后进行农业经营的企业，可以通过激励约束机制来吸引并指导科技人员进行农村调查，了解农民对于农业科技的实际需求，科技人员可以根据需求进行针对性创新，进而发挥科技人员及其成果在农业供给侧结构性改革中推动作用。农地流转后，政府更容易进行资源整合，统一提供更有效的投入，持续增强农业补贴政策，重新规划补贴方向，最终提升政策效果。政府在资金支持方面，也可以进行统筹规划。政府在政策方面的全方位支持，将有助于我国农业产品数量和质量的全面提升。而农业技术创新水平的提升，将提升我国农业经营主体的提高竞争力，实现我国农业的可持续集约化发展。

农村土地流转，便于政府引导金融投资偏向农村。在农地流转后，政府及相关主体可以健全农业金融体系，降低农业经营主体的融资成本，用更好的金融服务降低农业经营成本，也更好地服务于农业经营。农业保险是农业发展的重要保障，在农地流转后，新型农业主体可以通过农业保险制度降低自身农业经营风险。当新型主体对农业保险需求持续增加后，将有利于农业保险覆盖范围的扩展，也使农业保险险种增多，这将使农业保险市场成为降低农业生产经营的保护伞，也能够分散大灾风险对农业的威胁。

农村土地流转使农业大规模经营成为可能，规模经营则是农业科技应用的前提条件，而农业科技机制的创新将促进农业供给侧结构性改革。故可以得出结论，农村土地流转将激发农业供给侧结构性改革。

农村土地流转便于农业新科技的应用，能够将产、学、研、用进行融合，形成农业技术协同创新，最终构成一个既开发又包含竞争的运行机制。农村土地流转后的新科技应用，有助于对新优质高产农产品品种的引进与开发，以提高良种的覆盖面积。这种以种业创新为先导，最终实现种业创新带动农业发展的策略，能够从开端处优化农业结构。农村土地流转能够便于应用先进农机装备，加入后期农产品加工技术，发展智能农业，走生态环保和绿色增产的农业路子。农村土地流转后，也能够加快农业科技成果转化，将标准化种养、测土配方施肥、标准机械化、病虫害防控等技术进行广泛应用，做到稳产增产、健康养殖和生态生产。①

农村土地流转有利于农业技术在基层进行推广，提高农民对农业技术的重视、增强农民参加技能培训意识、提升其农技服务效能和科学种田水平。而农民的科技水平提高将提高农业资源综合利用效率，有利于其发展节约型农业。例如，农村土地流转后，重点推广节地、节水、节能、节种、节肥、节药等农业技术，最后使农村废弃物能够被更好地利用，而不是对环境产生污染，而投入方面效率则也相应被提升。农村土地流转后，形成规模化经营，有关农业的一系列标准化体系更为完善，而减量化生产和清洁生产技术能够更好地被应用，最终构建环境友好型农业。农村土地流转后，互联网的应用能够极大地促进农业发展。在农业生产前，可以利用互联网进行数据资源收集、农资供给科学化预测。也可以

① 许瑞泉．经济新常态下我国农业供给侧结构性改革路径［J］．甘肃社会科学，2016（6）：178－183.

在农业生产过程中应用互联网技术，实现智能生产和技术服务。互联网也可以应用于农产品的销售环节，互联网能够提供实时物流信息。云平台也可以应用于农业，通过云平台提供农业技术，使农业管理变得更智能化和精准化。农村土地流转后的规模化农业经营也便于电子商务在农村的发展，农业也可以实现线上销售和线下销售，便于农产品销往更广泛的市场，促进农产品快速流通，更好地满足消费者的需求。农业平台类企业也可以推进农业发展，该类企业可以提供交易平台使农产品销售更为顺畅。

农村土地流转将促进全面建立健全农业科技创新生态系统，进而为农业供给侧结构性改革提供动力。我国农业技术创新底子薄弱，而且农业不同于其他产业，它的产业形式多样、科技创新体系复杂，因此解决农业和农业科技发展的难题需要我们理清思路、跳出以前狭隘的思路边框，寻找新的解决路径。农村土地流转将使政府加大对企业市场主体的投入力度，促进生态建设的创新。我国农业的企业市场主体何时能够肩负起技术创新的重担，何时就能够使我国农业技术得到真正意义上的创新。

农业土地流转将使得更多多元化的经营主体进入，部分企业的经营主体更有经济实力，这些主体能够提供更有力的金融支持，便于农业科技进步与创新，最终对农业供给侧结构性改革提供金融保障。金融是农业科技发展的重要基础，因此农业科技创新收益必须要有所保证。更重要的是，农业科技创新成果不仅具有当下的价值，更具有潜在的长远价值。

总之，农村土地流转能够使农业科技含量提升，降低农业经营过程中所产生的各种成本，也能够使农业产出质量上升，进而我国农业的综合实力也将有所提高，最终为农业供给侧结构性改革形成动力。

2. 农村土地流转促进安全生产、卫生生产制度改革

农产品安全生产、卫生生产制度是一个国家农业长久发展的基础，我国在此方面有所进步，但与发达国家相比较而言，仍需继续完善。除此之外，我国在该方面的投入仍需加大，一些关键检测技术与设备与发达国家相比较确实比较落

后。这将导致我们在处理农业污染方面的能力较差，也无法形成科学规范化的方法与流程，这将使得农产品安全、卫生状况不能被准确反映。而监控与检测体系也处于缺失状态，各个部门之间缺乏配合，导致检测和监控体系重复建设、投资类似，最终使农产品检验和生态环境监管不到位、不及时，对于公共卫生突发事件更无法快速反应。整个安全卫生体系内部的工作人员数量较少，特别是专业的检测人员、高水平专家等。而农业专业人力资源的匮乏将导致其所获的数据质量和数量难以保证。这些现实情况都会导致消费者对于农产品质量的怀疑，甚至是恐慌。同时也威胁着消费者的身体健康，使企业信誉降低。

农村土地流转将有助于对农产品安全生产、卫生生产的制度进行改革。农地流转将通过以下几个方面促进农产品安全生产、卫生生产的制度改革，进而促进农业供给侧结构性改革。第一，农地流转后，农业实现规模化和专业化经营，农业产业链扩展，进而可以实现农产品产供销环节供给组织化，信息传递将更为流畅。农地流转后使政府能够统一对支持资金进行统筹规划，也便于政府进行统一技术支持，也可以实现统一税费减免，为农业发展提供良好的政策支持。农村土地流转后，也便于对农业经营大户进行统一培训，以提升农业人员的素质、农业管理水平，进而加强合作组织自身建设。第二，农业土地流转后，多种新型经营主体形成，更多农业企业形成或加入，有助于农产品形成品牌，进而便于农产品标签的标准化和规范化。政府也便于对农业企业进行监管，协助其打造消费者信得过的产品与品牌。同时对消费者也可以进行广泛的培训与引导，完善标签核查制度，加强对农产品市场的监管，加强来自社会的监督，鼓励全民参与等。第三，农村土地流转后，便于农业进行规范经营，以完善信息传递外部机制。农地流转可以增加对农业及农产品检测信息采集的资金，使信息采集能力不断提升。对于农产品进行检查的资源应该被统一规划后再统筹使用，以改善整个检测体系。一些检测农产品的网站应该被建立和推广，使提供有关农产品的信息渠道更广泛。在检测体系中，政府的权威性可以更好发挥作用，其所发布的信息更可靠，同时政府也应该完善信息发布立法建设。农地流转后，便于政府对农业经营进行统一监控，农产品污染物和疫病疫情能够更好地被监测，建立统一发布相关信息的平台，使农业经营风险降低。第四，农地流转后的农业规范、规模化经营，便于健全信息追溯机制。新型农业经营主体可以通过数据共享技术、编码技术、生物信息技术等，建立可追溯系统。①

三、农村土地流转改变农民角色定位

农村土地流转将改变过去的个体小规模经营，已经在城镇具备生存能力的原有农业经营主体将逐步放弃土地经营权，进而促使规模化农业生产的新型主体产生。而新型化农业经营主体将有利于农业进行供给侧结构性改革。

农地流转创造新型经营主体，而创新农业经营主体，是推进现代农业发展的重要组成部分，是实现农业供给侧结构性改革的前提。根据我国农业经营现实情况，小户经营占主导，规模化经营较少，这样的情况将使农业资源分散，无法实现总体配置，导致我国农业整体发展水平较低。但是农业土地流转后，农村中的部分劳动力开始涌向城镇从事非农产业，而土地流转后便于农业进行规模化经营，这样滋生出许多新型农业经营主体，使我国农业整体经营效率大大提高。所以我国应积极持续推进农地流转工作，使农业经营更规范化、规模化、科学化，以培育更多高素质的新型农业经营主体，最终充分发挥新型农业经营主体在农业供给侧结构性改革中的核心作用。

农村土地流转后所形成的各种新型农业经营主体，其在经营农业的过程中，不仅自身收入将大幅度提升，也使普通农民能够共享收益，提升收入，助力农业供给侧结构性改革。通过农地流转所形成的各种新型农业经营主体有助于构建新型现代农业经营体系，使农业更为集约化、市场化、专业化、社会化，使更为健全的农业经营体系所产生的农产品质量更高、结构更合理，最终促进农业供给侧结构性改革。

农村土地流转后所形成的各种新型农业经营主体，将有助于农业资源优化配

① 张彩玢．农业生产的高成本及对策研究［D］．晋中：山西农业大学博士论文，2015.

置。当农业资源配置合理性提升后，农业经营成本将降低，农业生产率将提高，农产品竞争力也相应提升，这都是实现农业供给侧结构性改革的核心工作。农地流转后，农业生产环节所需要的服务也可以统一提供，实现农业服务规模化。推广订单农业、会员农业，提供统一技术标准，实现组织化经营。

农村土地流转培育各种新型农业经营主体，有利于延长农业产业链，可以使农业经营向上游、下游延展，也可以把相关产业与农业进行链接。通过合作与联合的方式发展规模种养业、农产品加工业和农村服务业等，这些产业的联动发展，将能够吸纳更多农村劳动力，使传统农民转化为城市居民或职业农民。①

总之，农村土地流转确实培育了新型农业经营主体。而新型农业经营主体是农业经营中的重要主体，也是市场上农产品的重要供给方。加强对种植大户、农庭农场、农民专业合作社和农业龙头企业的培养，政府在政策上给予全方位的支持与协助。这将充分发挥农地流转后所形成的新型农业经营主体在农业供给侧结构性改革中的主体作用。②

1. 农村土地流转将传统农业生产经营者转为现代农业生产经营者

农村与城镇农业生产经营户和经营单位被称为农业生产经营者，是指在农业用地和独立的设施中经营种植业、林业、渔业、畜牧业以及农林牧渔服务业的单位或个人。农业生产者主要指直接生产农业产品的单位和个人；农业经营者则主要指从事农产品买卖的单位和个人。通过分析我国农业目前发展的瓶颈与问题，发现农业生产经营者应做出多方面改变，以进行农业供给侧结构性改革。我国已经从传统农业向现代农业进行转变，现代农业企业发展速度较快，规模不断扩大，其市场竞争力也有所增强，但与国际农业企业比较，我国农业企业仍需改进，以缩小差距：首先，因为我国各个地方农业资源存在较大差异，其发展水平不同，导致我国农业企业在各个行业之间分配不合理，食品加工、制造类企业偏

---

① 吴海峰．推进农业供给侧结构性改革的思考［J］．中州学刊，2016（5）：38－42.

② 陈锡文．论农业供给侧结构性改革［J］．中国农业大学学报（社会科学版），2017，34（2）：5－13.

多，服务类企业偏少，地区与农业品牌分布不均衡，农业企业及农业品牌集中于东部，而中西部则相对欠缺。这严重影响了我国区域经济协调发展。其次，尽管我国现代农业企业数量不少，但是其规模较小，实力较弱，导致其抵抗自然风险与市场风险的能力较差。再次，我国农业企业经营成本比较高，而技术水平相对较低，标准化、规模经营程度较差，这影响了我国农业企业的获利能力。最后，我国农业企业近年发展态势较好，出现了一些品牌，但是知名品牌仍旧比较匮乏，这严重影响了我国农业企业在市场上的竞争力。我国农业发展的基础环境也有待提高，农业资源占有量不足、农业生产经营制度不相适应、农业技术供给不足等问题仍需解决。

针对上述问题，农村土地流转，将有利于现代农业企业发展以市场为导向作用、因地制宜、合理布局，农地流转也有利于农业产业化企业做大做强，引进现代企业管理方式和现代科学技术，实施绿色战略、创新战略、品牌战略、联盟战略和国际战略，生产绿色生态农产品，形成知名品牌，便于农业继续进行产业延伸和整合，提高现代农业企业技术水平和产品质量。农地流转可以支持农业企业积极发展精深加工型企业、农林牧渔服务型企业和特色农业企业。政府也便于从宏观层面进行区域布局指导，引导农业经营主体根据当地实际情况，经营优势产业，形成农业区域集中经营。农地流转也将使农业企业与农户健全利益联结机制，帮助企业增强品牌意识，进一步提高农业企业的市场竞争力。农地流转也便于农业企业扩大融资渠道，增强自身竞争优势。

2. 农村土地流转将传统农民转为新型职业农民

农民包括传统农民和新型职业农民，传统农民指身份上的农民，其经营农业主要是为了生存；而职业农民则是新型农民中一分子，是自愿从事农业领域，将农业生产视为一种职业，把农业当成产业来经营，最终不仅仅可以满足生存需要，也可以谋求利润最大化，这类新型农民是具有较高科技和文化素质的群体。而依据我国现实情况，我国农民劳动力的素质普遍较低，这导致我国农业水平与世界发达国家的农业水平相差较大。因此，为了缩小与发达国家的农业水平差距，我们需要培育促进农业农村发展所需的新型农业人才，提高劳动力供给质量。而目前我国农民没有专业培训机构，农民本身文化水平较低，农业高水平专业技能缺乏，而对农民进行培训的经费投入也较少。因此，为了追赶与世界发达国家的农业水平，必须要进行新型职业农民培养，而农村土地流转将激发新型职业农民的形成：第一，农村土地流转壮大职业农民规模。农村土地流转，促使农村劳动力从土地中解放，促使其向城市转移，而农地流转后，为了更好、更高效益地进行农业经营，原有农民将自发提高自身农业经营技能。除此之外，农地流转后，政府也便于增加对农民的职业培训，提高其技能，帮助其成为一个农业领域里的创业者。政府建立农业生产创业计划扶持体制，使大量有农业创业意向的潜在群体成员进入职业农民队伍。第二，农地流转有利于现有职业农民队伍不断发展壮大。农地流转后，农民成为职业农民，可以实施职业农民注册认证制度。这样农民将是一种职业而不再是一种身份，这有利于促进农民职业属性的回归，并获得社会认同和尊重，也便于政府统一对职业农民进行教育培训。农民素质和技能的提高，将最终提高土地利用率和产出效率。

四、农村土地流转改变农业投入要素和提高产品质量

1. 农村土地流转改变投入要素效率

从投入方面分析，农村土地流转可以实现农业规模化经营，减少化肥、农药、种子等生产资料投入成本，降低土地经营成本，进而提高提高农业投入要素生产效率。从产出方面分析，农村土地流转能够通过推进农业标准化生产，提高农产品质量，实现物美价廉。农村土地流转能够有助于健全农产品标准体系，也有助于消费者对农产品溯源。这将使农业经营主体更加重视农产品的数量、质量、效益等，最终提高农产品质量安全水平。农村土地流转也便于建立农产品品牌，形成系列化优质农产品品牌，以品牌发展反推品质提升，由农产品高价反推

动农产品高质。①

我国农业过去提高要素生产效率主要是依靠要素投入，而农村土地流转后，便于新技术的应用，农业可以利用科技创新和组织创新，推进节水技术、病虫害防治技术、测土配方施肥技术的使用，突破农业生产要素的高效配置，达到农业低投入和高产出，打造绿色农业系统。同时，农地流转也将使农业发展方式发生转变，农产品由原来的粗加工变得更为精细，农业产业链延展。农地流转后将有更多新型农业服务主体加入，使农业服务更专业化、便捷化，农业生态优势也能够更好地被利用，农业旅游业也可以相应得到发展，促使农业相关产业协同发展。

我国农产品市场与其他市场相同，其开发程度较高，这有利于我国农产品出口，但也面临着来自于国际上其他国家农产品的竞争与冲击。而相对于国际农产品，我国农产品的经营成本较高，这严重制约了我国目前的农业发展。除此之外，我国经济发展速度较快，我国工业化、城市化、农业现代化的推进速度较快。但是在这个过程中，我国农业发展资源被约束、农产品需求量较高，我国农产品的投入价格比较高，导致农产品的最终产品定价也比较高，所以我国农业处在了“高成本、高价格”时代。高成本导致农民群体收入较低，也使我国农产品结构、农业产业链等农业发展产生问题。农产品国际市场价格上涨空间较小，所以为了增加农业收入，降低投入成本成了重中之重，这也直接关系着我国农业从业者的积极性，直接关系我国的粮食安全。②

根据我国现实情况，我国人口较多，而耕地较少，所以农业事关民生。农民的生活水平得益于收入水平的保障。而农村土地流转能够降低农业经营成本，例如，土地成本、劳动力成本和农业生产资料等。除此之外，我国对农业持续进行宏观调控，对农业提供一系列补贴政策；我国农业市场的健全，使我国农业从业

① 韩一军，姜楠，赵霞，等．我国农业供给侧结构性改革的内涵、理论架构及实现路径［J］．新疆师范大学学报（哲学社会科学版），2017（5）：34－40.

② 姜晓伟，李海锦．探究农业供给侧改革之六大举措［J］．中国农业文摘——农业工程，2016，28（5）：27－29.

者的生产积极性提高，其经济利益也得到了保障。

2. 农村土地流转改变农产品品质

我国虽然属于农业超级大国，并拥有9.4亿农业人口，但却不能称为农业发展强国。这是因为我国农产品附加值较低，尚未形成自主品牌，劳动密集型农产品出口占有率规模较大，进而导致我国农产品在国际市场上普遍缺乏竞争力。农村土地流转为农业科学技术研发提供的动力，也为农业新技术应用与推广提供了条件，如此将使农业新技术与农业经营相互促进，而农业技术将提升农业生产力，最终使我国农产品质量提高，也使我国农产品在国际市场上更具竞争力，进而缩小与发达国家的距离，适应消费升级的需要，助力农业供给侧结构性改革。例如，在对外贸易方面，我国农产品贸易逆差较大，这也间接表明我国对国外农产品的依赖水平较高。在众多农产品中，我国大豆对外依赖度最高。20世纪90年代，在大豆国际市场上，我国是最重要的大豆生产国之一，也是重要的出口国之一，但这种情况在1995年之后发生了变化，我们由原来的净出口国逐渐变为净进口国。之后，贸易逆差逐年加大，大豆进口量逐年增长。针对中国大豆单产水平低，与国外差距较大的现实情况，在加强农地流转后，我国政府逐渐增加对

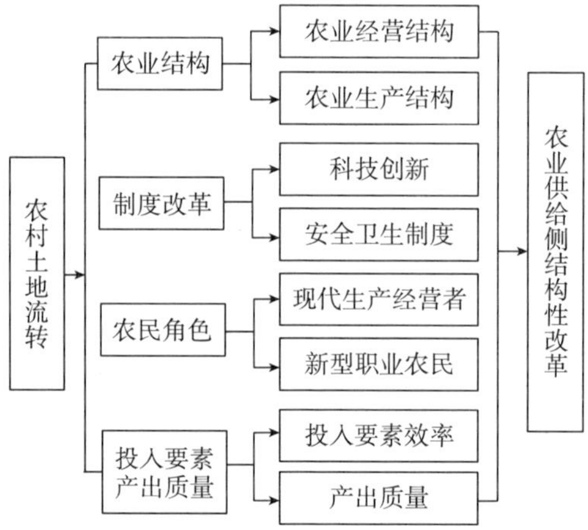

图2-3　农村土地流转对农业供给侧结构性改革理论模型

大豆的科研投资强度，目的在于提升大豆产量以及品质，最终提高我国大豆在国际市场中的竞争力。

农村土地流转后，有利于我国农产品质量的标准化建设，这将使我国农产品能够追溯其产地、时间等。在农村土地流转基础上，我国政府积极推进农产品标准化建设，使我国农产品质量能够与国际农产品质量相比较，也期望能够参与农产品质量国际标准制定，最终提升我国农产品在国际市场上的竞争力。

第三章

国内外农村土地产权交易市场建设经验分析

农村综合改革的重点是土地制度改革，建立以农村土地流转交易为主要内容的农村产权交易市场，有利于推动农村产权交易公开、公正、规范运行，合理配置生产要素，降低交易成本，不断缩小城乡居民收入差距，是农村改革和发展的重大举措。吉林省农村产权交易市场建设工作虽已陆续开展，但发展机制不健全，尚未形成完备体系。因此，在立足于吉林省现状的同时，应从实际出发，吸取国内外先进的经验，为进一步建设吉林省农村土地产权交易市场提供科学依据，进而逐步形成一套科学合理、全面有序的市场体系，为我国经济结构转型升级贡献力量。

第一节　国内农村土地产权交易市场的建设经验

我国传统的农村产权交易以私下交易为主，涉及的交易主体包括交易双方、集体组织和行政主管部门，即当交易双方达成交易意向后，向集体组织申请，获得批准后交易双方至行政主管部门变更产权权属，此时交易完成。个别产权交易双方仅签订交易合同，甚至口头交易。这一运行机制无疑存在很大风险，即交易双方对产权性质、价格和用途均为私下相互认可，并无中介机构对其确认并担保易导致产权纠纷的确权风险；交易中的任何一方违约造成另一方的损失，由于私下交易的缔约行为可能无书面证明或存在不规范，违约处置和补偿易产生纠纷的信用风险；以及由于交易行为不当而造成的交易当事人损失的操作风险，这一损失可能是经济成本，也可能是时间成本。因此，农村产权作为一种特殊的商品集合，自20世纪80年代开始，我国学界持续关注和探索农村产权交易市场的可行模式。

改革开放以来，培育农村产权交易市场已成为农村综合改革的重要方向。党的十八届三中全会指出："赋予农民更多财产权利，推进城乡要素平等交换和公共资源均衡配置。"建立健全农村产权制度，积极培育农村产权交易市场，鼓励开展农村产权交易，运用市场机制合理配置农村产权资源，已经成为中国产权管理的基本政策。经过三十多年的发展，我国开展了一系列农村产权交易市场的实践探索和试点工作，尤其在推进农村土地流转发展方面，其法规政策制定、产权制度建设以及交易实践等方面都取得了一系列进展。

在党中央政策的引导下，全国部分地区陆续进行了农村产权交易市场的尝试，形成了各具特色的以农村土地流转为主的模式。目前，成都市、重庆市、上海市、广州市、天津市、武汉市、山东省等地作为改革先行试点城市，相继挂牌成立农村产权交易所，并不断进行着制度的创新和实践。国内一些较为成功的农村产权综合交易所的建成和顺利运行，如武汉和成都等地区的省级交易所为农村产权交易提出了新的思路，主要体现在以下两个方面：一方面是用市场化的运作模式来进行农村产权交易，将交易的市场化条件进行系统性的构建，这样就使产权交易的基础条件逐渐建成。另一方面是通过建立现代农村产权制度，将产权归属明确化，并在此基础上使农村产权交易逐步规范化，这样就使产权交易各方利益得到最大化的保护。最终这两方面共同作用，在产权交易的层面上形成微观经济基础，将使农村经济发展的市场化程度得以有效提升。因此，对已有模式及试点区域农村产权市场化创新发展的研究具有深远意义，也为吉林省农村产权交易市场建设提供借鉴和参考。

一、四川省成都市模式

在全国各地开展的农村产权市场建设中，成都市始终走在全国前列，探索了一条被称为“成都经验”的改革之路。2008 年 10 月，全国第一家综合性农村产权交易所——成都农村产权交易所成立，并先后在 14 个区（市）县成立分所及在乡镇建立了 219 个农村产权交易服务站，发展 4000 余名农村产权经纪人，形成四级农村产权交易服务平台。2010 年 7 月，由成都市国土局、房管局、林业园林局、农委分别按 50%、25%、12.5% 和 12.5% 的比例共同出资 1000 万元，注册成为现代企业管理模式的有限责任公司，股东会下面设董事会、监事会，并设有财务部等 7 个职能部门。公司业务范围主要包括农村土地承包经营权、农村房屋所有权、林权、集体建设用地使用权、农村集体经济组织股权、农业类知识产权以及土地综合整治的挂钩指标、资产处置等，并成立各区（市）、县级交易分所，实行统一运营管理模式。经过几年来的实践，产权交易制度逐渐完善，如在集体建设用地使用权交易方面，制定了规范化的服务流程，如使用权流出方需要提交材料清单等；在指标交易业务、土地承包经营权交易业务、林权交易业务等方面，也都制定了服务流程和提交材料清单，使交易活动合法合规、方便操作。例如，在成都郫县，农村产权流转综合服务中心制定了详细的服务指南，县统筹局、农发局、国土局、规划局、住建局、环保局、文广局、银行等在中心并列开设服务窗口，方便交易双方直接办理各项手续。该县还开办了农村产权抵押融资、担保贷款等业务，成立风险基金，由政府承担 80%，银行承担 20%。截至 2015 年 11 月，成都农村产权交易所及其分所共成交各类农村产权 12612 宗、交易成交金额累计 453.9268 亿元。其中，土地承包经营权交易 10359 宗，交易金额 216.85 亿元；林权交易 917 宗，交易金额 18.0567 亿元；集体建设用地使用权交易 110 宗，流转金额 8.5275 亿元；建设用地指标交易 1086 宗，交易金额 161.0437 亿元；耕地占补平衡指标交易 76 宗，交易金额 9.4834 亿元；农村土地综合整治项目交易 18 宗，交易金额 12.5130 亿元；资产处置挂牌 156 个项目，交易金额26.98亿元。

成都市模式的启示：

其一，全面的农村产权制度改革工作是确保交易市场顺利运行的重要前提。2008年1月，成都市陆续启动农村集体土地和房屋所有权确权登记，向农民颁发“五证一卡”，即集体土地所有权证、土地承包经营权证、房屋所有权证、集体建设用地使用权证、林权证及可转入社保的基金卡，为农民土地利益和产权流转提供制度保障。

其二，同步启动农村产权抵押融资担保机制，为交易双方提供资金保障。2008年4月，成都市农村产权流转担保有限公司成立，公司除对土地承包经营权、林权等流转行为进行担保之外，还对利用宅基地、农村房屋等抵押融资进行信用担保，不仅剥离了土地的保障功能，调动农民流转土地的积极主动性，而且有利于分散银行的风险，保障农村产权抵押融资的顺利运行。

其三，规范的服务流程为交易双方提供便利。在成都市农村产权综合交易市场有专门综合服务中心，制定了详细的服务指南。各部门在中心设立专门的服务窗口，实行统一的运营模式，方便交易双方直接办理各项手续。及时发布供求信息，利用现代化的服务使得交易信息畅通无阻，统一交易、统一签订流转合同，使农村产权交易进入市场化、有序、公开、快捷轨道。

其四，设立耕地保护基金。成都市按照“统一政策，分级统筹”的原则，在市区两级范围内进行资金筹集。耕地保护基金制度有效保护了耕地，开启了新的农村社保体系，降低农户流转土地的机会成本。资金主要来源于每年新增建设用地的土地有偿使用费和一定比例的土地出让收入费，当这两项不足时由政府财政资金补足。同时耕地保护基金可转入农村社会养老保险，使基金的运作和使用更加方便灵活。

二、重庆市模式

重庆市在最引人关注的农村产权交易方面的创新为“股田制公司”和“地

票交易”。2007 年 6 月，重庆市获批“统筹城乡发展综合试验区”，允许农民以土地直接入股创办合作社或公司，即在农村土地承包期限内，在不改变土地用途的前提下，经区县人民政府批准，在条件成熟的地区允许以农村土地承包经营权出资入股，设立有限责任公司和独资、合伙等企业的试点工作。因其以在工商部门登记的地益权作为转化成立公司的资本，故被形象地称为“股田制公司”，开创了国内的先河。但由于该项改革与当时现行土地承包制度相冲突，且出于对农民失地风险的担忧，“股田制”被中央紧急叫停。2009 年 1 月，重庆市成立农村土地交易所，与我国多数农村土地交易所不同，其由重庆市政府出资 5000 万元成立，定位为非营利性事业法人，主要开展土地实物交易和地票交易。地票交易主要是指把农村闲置、废弃的集体建设用地（包括农村宅基地及其附属设施用地、乡镇企业用地、农村公共设施和农村公益事业用地）重新开垦为耕地，腾出的建设用地指标优先保障农村自身发展，剩余部分以市场化方式公开交易，允许在全市规划建设范围内使用。这样既保证农业用地规模，又有利于城乡协调发展。同时，重庆市土地交易所开展以“住房换宅基地、社保换承包地”业务，即在不改变土地用途和性质的前提下，以住房、社保等方式鼓励农民自愿出让承包地和宅基地，促进承包地和宅基地的集中使用，以释放更多的非农用地。农民退出的土地将由各村的土地承包流转服务站统一管理和经营，收益的 80% 归退地的农民所有，20% 用于社保投入，这对转出户居民进城后参加社保和租房或购房是极大的支持。截至 2015 年底，重庆农村土地交易所累计交易地票 17.29 万亩，累计金额 345.66 亿元；地票质押贷款 8.02 亿元；已有 8.61 万亩地票落地使用。

除地票交易外，重庆农村土地交易所在承包地经营权、林权、养殖水面经营权、大型农业装备、农村集体经济组织股权（收益权）、集体经营性建设用地使用权等方面，都有流转的成效。2013 年 1 月，梁平县在完善原有农村产权交易政策体系的基础上，正式成立了重庆市首家农村产权交易中心，其主要职责是组织开展本县农村产权交易活动，提供对农村土地承包经营权、农村林权和农村房屋所有权等权属交易鉴证服务。鉴证分为“必须入场交易确认鉴证”和“自愿入场交易鉴证”两种。其中“必须入场交易确认鉴证”是指产权的交易必须进入梁平县统一农村产权交易平台交易，交易成功后由县农村产权交易中心出具确认书或交易鉴证书，包括：①农村集体建设用地使用权（含宅基地使用权）的转让、互换、作价入股和抵押；②农村房屋所有权的转让、互换、作价入股和抵押；③农村林地和“四荒”地经营权转让、互换、转包、出租300亩及以上的；④农村土地承包经营权转让、互换、转包、出租300亩及以上的在县农村产权交易中心进行交易和鉴证。截至2015年5月，梁平县农村产权交易中心已组织12490亩耕地经营权、3000亩林地经营权的交易；已收集33194亩耕地、11093亩林地、4200亩“四荒地”使用权供求信息。但资料显示，该县场外交易十分活跃，远远高出交易中心成交的数量。

重庆市模式的启示：重庆市实行股田制公司与地票交易的方式虽不尽完善，但它终归是农村土地交易的方式之一，通过不断改革和创新，有可能成为市场经济的一种新模式进行推广和应用。因此，应积极探索产权交易的市场化条件，鼓励以多种形式创新农村产权交易，但要与我国的政策国情保持一致，避免农民失地风险的发生。在实现农村产权流转资源配置效应优化的同时，要兼顾效率与公平相统一。另外，场外交易没有制度性保障，风险较高，但强制性入场交易并不是解决问题的根本之道，这就亟须政府引导，建立更加便民的交易服务机构，使农村产权交易回归到市场化角度上来。

三、山东省枣庄市模式

2008年9月14日，中国第一家农村土地使用产权交易所在山东省枣庄市正式拉开帷幕。此前，枣庄市山亭区政府向徐庄镇280位农民发放了“农村土地使用产权证”，开创了我国土地产权确权颁证的先河。持有土地使用产权证者在产权期限内可依法使用、经营、流转、转让土地，也可作价、折股作为资本从事股份经营、合作经营或抵押担保。此外，枣庄市建立多家“三农”服务中心，在区和乡镇分别建立农村土地使用产权交易服务中心和交易服务所，形成市、区、乡镇三级有形的农村土地使用产权交易市场，解决市场缺位问题。

为了解决该问题，在进行农村土地确权及建立产权交易市场的基础上，由政府部门来引导各地农民走上合作化经营的道路，农民将土地流转给土地合作社，进一步积极发展农村土地合作社，建立以农地为联系的经济联合体。同时枣庄市农村产权交易所在农村土地资本化改革中采取了一系列措施以避免农民失地的风险，如强制规定合作社基本成员中农民不低于80%，出资人获得的附加表决权总票数不应当超过本社成员总票数的20%，从而保障了农民对土地的长期控制权；另外，在土地合作社中引入了农业保险机制，由政府给予保费补贴，大大降低了合作社土地使用权的抵押风险；此外，还规定土地合作社最多可用1/3作为可抵押贷款，土地使用权抵押年限不得超过3年，从而保证农民不会长期全部失地。

枣庄市的农村土地流转改革模式探索发展较早，它特有的“枣庄模式”是山东省农村土地流转改革的先行者，也对山东省整体的农村产权交易市场建立起到了带动和创新的作用。在此模式基础上，2014年，山东省在潍坊市成立省级综合性农村产权交易机构——齐鲁农村产权交易中心，主要经营范围包括农村土地承包经营权、林权、水域滩涂养殖权、农村集体股权、农业知识产权流转交易服务及农村产权抵（质）押贷款鉴证、农村产权资产资源评估、农村集体资产招投标、农产品信息发布、信息发布等配套服务。截至2016年11月，齐鲁农村产权交易中心累计完成农村产权交易1618笔，涉及交易额11.56亿元，涉及土地流转面积13.7万余亩；累计办理各类涉农产权抵押登记业务1632笔，抵押融资额3.72亿元。齐鲁农村产权交易中心目前已成为全国唯一实现股权多元化，且涵盖各类金融业态的、唯一经政府授权的具有抵押登记服务职能及融资功能的农村产权交易平台。对于“三农”的融资问题，开创了以“交易鉴证+抵押登记+融资担保+风险补偿+风险缓释+不良处置”全方位抵押融资的先河，真正实现以农村产权进行抵押与融资，盘活了农村的沉睡资产，因而得到全国同行业广泛认可，并作为重要的融资借鉴和推广模式。

枣庄模式的启示：首先，枣庄模式赋予“土地使用产权证”所具有的折股、抵押担保等功能，在强化土地的财产属性方面迈出了关键一步。因此，确权颁证不仅是农村产权交易的前提，也是农村金融服务综合改革的核心重点，“赋能”必须“确权”。其次，鼓励培育发展农村土地合作社，形成规模经营，不仅对于维护土地使用权益，而且对于整个农村和农民权益的保障都是十分有意义的，但要做好严格的风险防范措施，防止农民失地风险发生。最后，以“交易鉴证+抵押登记+融资担保+风险补偿+风险缓释+不良处置”值得借鉴和应用，既解决融资难问题，又降低了交易风险。此外，山东省先行试点了土地承包经营权流转的枣庄模式，逐步建立起市、区、镇三级交易网络，为省级综合农村产权交易所做了强有力的借鉴。因此，省级综合产权交易市场的建立，切不可盲目跟风，要根据实际情况梯次推进，以市（州）、区、县、镇、乡等交易服务中心为依托，鼓励农村土地交易流转先行，而后向林权、宅基地使用权、房屋所有权、集体建设用地使用权推广。

四、浙江省嘉兴市模式

围绕“土地节约、集约有增量、农民安居乐业有保障”的目标，2007 年 6 月，浙江省嘉兴市在依法、农户自愿的基础上，陆续实施“两分两换”（农户宅基地与承包地分开、搬迁与土地流转分开；农户宅基地可置换城镇房产、土地承包经营权可置换社会保障）新政策。为鼓励农地长期限、规模化流转与经营，嘉兴市政府对土地流转期限较长、规模较大的农村经营主体、新型合作社及服务组织等给予一定优惠政策和资金扶持。

为深化完善“两分两换”政策，进一步加快推进统筹城乡发展，2010 年嘉兴市成立了市级农村产权交易中心，各镇街道设立了农村产权交易分中心，为了使分中心也能顺畅运转，为各分中心配备了专门工作人员和必要的工作条件，以确保产权交易正常开展。进行交易的品种也从原来的单一土地流转，又增加了农村集体资产发包、村股份经济合作社股权流转这两大交易品种。同时，运用现代信息化网络技术，在区级建立集管理、服务和监督于一身的地区农村产权交易平台网站。

随着嘉兴市试点工作的推进，2012 年 12 月，浙江省温州市以国有独资企业法人身份成立农村产权服务中心有限公司，为全市农村产权交易提供信息发布与咨询、交易鉴证、组织交易等服务。2013 年 10 月，温州市颁布实施《温州市农村产权交易管理暂行办法》，不仅明确了农村产权交易的种类、方式、流程，还提出了农户宅基地可以在县域内抵押贷款，处置范围也从以村级扩大到“县域内非城镇户口人员”，打破了一直以来对集体产权流转的限制，也为日后农村集体产权入市交易的立法与推广积累了宝贵经验。

嘉兴模式启示：浙江省嘉兴市“两分两换”政策，从农民实际需求及市场需要出发，形成了以市场为导向而非政府推动的模式；鼓励建设新型农村组织，加强农村耕地承包经营权流转平台运行与维护；温州市以本县域跨城镇、独立法人的市场主体安排，扩大了探索创新力度，提高区域政策的稳定性与可预见性，有效地控制与降低了政策性风险。

因此，政府行政部门要加强政策指引，创新方法与途径，着力推进农村产权交易市场建设；盘活农村土地承包经营权、宅基地住房产权、林权等抵押贷款融资方式，完善农村贷款融资机制；通过行政手段建立农村产权交易的主要职责是搭建农村产权交易的通畅渠道，但是农业经营主体对农村产权交易所的参与度必然由市场决定，政府不能越位管理。

五、各地农村土地产权交易市场建设现状及启示

目前，我国农村产权交易市场交易活动以农户承包土地经营权、林权、“四荒”使用权流转为主，以农业生产设施设备、农业类知识产权、融资服务等其他业务为辅；重点建设县、乡农村土地承包经营权和林权等流转服务平台，是现阶段农村产权流转交易市场的主要形式。自 2008 年成都市成立全国第一家综合性农村产权交易所——成都农村产权交易所后，重庆市、湖北省、天津市、北京市、山东省、安徽省、江苏省、上海市、广东省、山西省、浙江省、河北省、广

西壮族自治区、云南省 14 家省级或省会级的综合性农村产权交易所相继成立；目前全国已有 1500 多个县（市）19000 多个乡（镇）成立了土地流转服务中心，有 1200 多家依托林业管理部门设立的林权流转服务中心。这些农村产权交易市场的特点如下：第一，单位性质不同。2015 年 1 月，国务院办公厅首部针对农村产权流转交易市场的指导性文件——《关于引导农村产权流转交易市场健康发展的意见》中强调农村产权流转交易市场必须坚持为农服务宗旨，不以营利为目的，突出公益性，单位性质可以是企业法人，也可以是事业法人。如重庆农村土地交易所由重庆市政府出资成立，定位为非营利性事业法人；上海联合产权交易所全资成立的上海农村产权交易所也是事业法人；而成都市、北京市、武汉市等农村产权交易所的性质是企业法人，采取有限责任公司的组织方式，按照现代企业管理模式运营。虽然各交易所主体性质有所差别，但都是由政府主导、服务“三农”的组织机构。第二，注册资本差距大。2009 年 4 月，武汉市作为国家级农村配套改革试验区，出资 100 万元注册成为武汉农村产权交易所有限责任公司。随后，成都市、重庆市、上海市等地交易所也相继成为公益性有限责任公司，但注册资本规模差距很大，并且逐年呈上升趋势。如 2010 年 10 月，成都农村产权交易所注册资本 1000 万元，天津农村产权交易所注册资本 2000 万元，规模较大的北京农村产权交易所注册资本高达 5500 万元。第三，交易品种多种多样。各农村产权交易市场的产权交易种类多种多样，主要以农村土地流转为核心，辅以组织交易及发布信息、产权交易鉴证、产权信息咨询及委托管理、投融资等服务。如成都农村产权交易所、武汉农村产权交易所等交易品种都超过 10 种。

从多数农村产权交所中农村产权交易品种设置来看，多数按照交易标的物分类设置了土地、林权、股票、实物资产、知识产权等多个交易品种，其中，农村土地流转是各地农村产权交所的主要品种。交易平台都应提供发布流转交易信息、出具产权交易鉴证书等基本服务。同时，创新抵押融资、开展农村产权抵押登记、建立抵押债权风险保障机制等配套服务，要求研究制定抵押融资实施方案，扩大融资抵押物范围，制定和完善农村承包土地经营权、林权、农村房屋所有权、小型水利设施产权交易鉴证抵押登记管理办法。

值得注意的是，大部分农村产权交易机构是由于行政力量推动产生的，而不是由市场自发产生的。一些地方政府强制推动农村产权交易市场的建设，超越了当地经济社会的发展条件，这其中可能隐藏了一些不可小觑的风险。首先，某些工商资本因为追逐利润，流转农地后改种园艺植物或经营农业旅游，而不是从事粮食种植，造成农地非粮化甚至非农化。非农经营活动对农地的大规模改造破坏了土地的粮食生产功能，实质上造成了农地流转的不可逆性。其次，农村产权交易市场从建立到运营需要大量资金，每年的运转维护费用少则数十万元，多则上百万元甚至上千万元，如果实际交易量、交易额很少，远远入不敷出。最后，由于农业本身的弱质性和风险性，农村产权交易市场的发展需要政府相关配套构建给予保障，而这种保障体系必然由政府负责，无疑增加了政府的财政负担，地方政府财政兜底压力加大，而这也是目前各地区农村产权交易市场建设与运营面临的通例。

随着农村产权交易市场的不断发展，交易数量、交易种类、交易内容等不断增长，但真正能够实现进场交易的项目却屈指可数。目前进场交易的大多数是土地承包经营权、林地承包经营权及其抵押业务等，而其他种类的诸如集体资产股权、农业生产设施、农业知识产权等场内交易很少。许多农村产权交易所自成立以来，以集体资产股权、集体实物资产和农业生产设施、农业知识产权等为代表的产权交易仅仅是挂牌，并未发生过实际交易，有些只起到登记备案的作用，农村产权流转的补充或替代作用有限，因此，通过产权交易所获得的收益也十分有限。一些地区为提高交易量，强制规定所辖区域的农村集体产权流转必须到交易市场挂牌交易，这种过度干预行为，不仅未能降低交易成本，反而提高了农村产权的交易费用，降低农民市场热情。另外，农村产权交易市场建设运营成本较高，每年需花费数十万元或上百万元设置办公场所，配置办公用品、配备专职人员，这无疑带来了生存压力。若场内交易量过少，交易机构收益难以弥补交易费用及交易支出，交易机构就难以维持。例如，温州市于 2011 年 5 月 6 日成立的首家涉及土地、林权流转服务的中介机构——瑞安市中禾土地流转信息咨询有限公司，存在两年多，仅完成2笔交易，就于2013年申请吊销了营业执照；天津农村产权交易所成立前三年只完成5笔交易，前五年完成了27笔交易；江苏省扬州市江都区农村产权交易中心、河南省济源市农村产权交易中心自成立以来，只交易了几个小额项目[①]。这就向我们提出警示：是否建立有形交易市场，建立多大规模的有形交易市场，要从实际交易需求出发，切忌盲目追风。

在市场经济中，资源的最终目的是要变现为利润，农村集体土地所有权与使用权、农民土地承包经营权以及房产，都可资本化并参与到市场交易中来。然而在我国很多地方，甚至在省市一级，都还没有专门的农村土地产权公开交易机构，这是我国深化农村改革的短板。应当意识到，正规化、规范化的农村产权交易所对提升交易的安全性、促进生产要素合理流动的作用是毋庸置疑的，但民间交易历史悠久，就目前的交易成本和交易类型而言，民间交易模式已被广泛接受，农村产权交易所完全参与到民间交易中的可能性并不大，仍需要较长时间的引导和政策扶持。因此，农村产权交易有很大的发展空间，需要有完善的交易平台和交易制度设计及相应保障措施。

在以成都市为代表的省级农交所模式的一般架构中，交易双方的产权交易流程都可以在交易所内完成，包括申请产权交易、确定出让方式、审查确权估价、发布交易信息、征集受让意向、组织产权交易、签订成交合约、收取交易费用、鉴证产权交易和变更产权权属等基本环节；在审查确权估价环节中，各地农交所将农村产权交由中介服务机构确权查档、评估作价和转让审批，之后交由行政主管部门审批。调查显示，农村土地产权交易产生成效在不同经济发展水平地区差异较大，经济越发达地区成效越好，农民也越满意，但突出矛盾也越多。因此，农村产权交易进程要与当地经济发展程度相适应，各地绝不能盲目跟风推进，必须根据当地经济水平发展状况有序推动。

---

① 叶兴庆，等. 农村产权流转交易市场有待健康发展［N］. 中国经济时报，2014－12－16（5）.

第二节　国外农村土地产权交易市场建设经验

农村产权交易市场的出现和发展，是农业要素合理流动的发展需求结果，对于降低交易费用、促进城乡区域协调发展具有重要作用。国内外经验皆表明，农村产权交易市场的设立与发展，不仅可以促进农业生产要素间合理流动，缓解农村融资问题，还会间接拉动农村经济和农民收入的增加。但是产权市场的运作受制于法律规则、政治选择、制度安排、经济和地理条件以及文化等多种因素，因此，农村产权交易市场是一项复杂的制度体系，其建立和发展绝非易事，其完善更需要一个长期的历史过程，应对农村产权市场持谨慎的预期。

在人类文明进步史上，农村改革与发展始终是一个国际性问题，尤其是在农村土地制度改革方面，世界各国都在不同时期、以不同方法对其进行了改革。在我国农村产权交易市场中，农村土地流转是核心和根本，林权、农村集体用地使用权、水域滩涂权等农村产权具有同类性，比较、分析和借鉴各国土地改革的国际经验是有益的，特别是对经济结构转型调整期的中国农村产权交易市场进一步的发展将有积极的借鉴意义。因此，下面主要探讨国外农村产权资本化市场中土地产权交易。

关于土地产权问题当今世界主要分成了以所有权为基础和以使用权为基础的两大阵营，前者以土地私有制为基础，土地允许进入市场自由买卖，使用权权能较小；后者土地所有权归国家或集体共有，个人仅拥有土地使用权，但可以对土地出租、处置或继承等，使用权权能相对较大。两种不同形式的土地产权形态并无绝对的优劣之分，而是受国家经济及政治制度的影响，其形成基础和发展路径不同而已。随着现代农业化城镇化进程的加速发展，各个国家的土地产权无论以所有权为基础还是以使用权为基础，都越来越重视农村土地改革发展问题。土地产权流转是我国的专用词汇，在市场经济条件下一般称为土地交易。我国农村产权交易经历了从被禁止到允许再到鼓励的发展历程，这与我国的历史国情及实行的农村土地制度是分不开的。改革开放前，农户对农村土地仅有劳动权和部分收益权，不拥有所有权和使用权，所以农村土地流转与交易根本就无从谈起。改革开放之后，家庭联产承包责任制逐步推广，农户拥有了土地使用权，但土地承包权是严禁流转的，直到1993年才逐步开始允许农村土地使用权流转。而国外大部分国家实行土地私有化，土地可直接自由进入市场进行公开交易，价格由市场供求关系决定，因而农村土地既包括所有权的买卖，也包括出租、转让等使用权的流转。国外关于农村土地所有权交易方面的文献非常丰富，但与农村土地使用权流转方面相关的研究，主要集中于苏联、中东欧和美日等少数发达国家；对于农村土地交易影响因素的研究，主要是基于产权制度、宏观环境、交易费用及其绩效等方面。从各国的土地流转法律来看，农地使用权流转主要包括转让、出租、抵押、继承、交换、入股等方式。多渠道、多选择的流转方式不仅为农地经营者提供了更多的选择机会，而且满足了现代化农业竞争体系下农地规模经营、长期经营及农业融资的需要，更有助于农业的长远发展。

研究农村产权市场在世界范围内的实践经验，对我国有宝贵的参考价值。通过对典型国家土地产权交易制度的发展经验进行总结，为完善我国的土地流转交易制度提供参考，有利于我国农村产权交易市场的健康发展。

一、美国农村土地产权交易制度

美国是资本主义国家中典型的土地私有制国家，其土地所有权分为私人所有、联邦政府所有和州政府所有三种，土地大致分配比例：私有土地50%以上，联邦政府土地占30%左右，州政府土地占10%左右，而且在联邦和州政府所占有的土地中，大部分是以森林、沼泽和草地为主的非农耕用地，随着农业生产技术水平的提高，美国私有土地规模有所上升，国有土地的比重相对呈下降之势。美国保护土地私人所有权不受侵犯，法律允许各种所有制形式之间的土地可以自由买卖、出租和转让，但并不是每一次土地流转都是土地所有权的转让，多数情况下只涉及土地经营权的有偿转让。例如，在美国农业生产区域，国家并不直接经营国有土地，而是以租赁形式由农场主经营，农场主向政府和国家缴纳地租。因此，农场主并不拥有土地的所有权，但其拥有的其他土地权利（如收益权、处置权等）则是稳定而有保障的。

美国在20世纪初就确定了以家庭私人农场为主的土地制度，从最初的小规模分散粗放型到家庭适度规模型，再到现代专业化综合型大规模经营阶段，家庭农场构成了美国土地经营制度的主要运行基础与发展前提，在美国农业生产发展过程中占有重要地位。美国农村进行土地交易的主要目标在于扩大经营规模、运用先进科学技术与管理手段实现生产要素的优化组合，逐步形成了美国农业发展的新格局，即农工联合企业或农工企业，从而实现了产供销一体化和农业生产经营企业化。为了实现这一目标，政府通过将土地所有权与经营权分离，借助土地租赁等形式扩大家庭农场经营规模；在家庭经营过程中，国有土地只保留法律意义上的所有权及相应的收益分离权，家庭经营主体所有的其他权利都是稳定且有保障的，从而发挥农村土地经营制度内在潜力，提高土地投入产出效率。

对我国农村土地流转的启示：从美国农村土地经营制度的历史演变中可以看出，家庭农场制不仅能够适应以手工劳动为特征的低层次生产力水平，而且可以适应以机械现代化为特征的高度社会化、商品化的客观要求，促进规模化生产。但需注意的是，在农业生产发展过程中，由于国情不同，不能照搬照套美国家庭经营模式，不能单纯局限于家庭农场制，应当随着农村社会生产力的发展，不断注入新元素，鼓励发展新型运行载体，如新型农村组织、农村合作社等，适时地完善与创新。

对我国农村产权交易市场建设的启示：

第一，健全完善的农业法律。以法律手段促进农业发展是美国农业经营管理的显著特点。经过半个多世纪的发展，美国已形成以农业法为基础和中心，100多个重要法律为配套的一个比较完善的农业法律体系，走上了以法治农的轨道。例如，与林业有关的法律和条例有100多种，而且针对不同时期的林权交易活动，美国国会都会通过相应的法规进行指导。完备的农业保护法律为其农村产权流转交易发展创造了有力的保障，保护农场主的基本产权权利不受侵犯与干扰。

第二，建立有效的管理体制。联邦政府农业部负责美国的农业事务，其内部又具体划分为多个部门，如销售和检验局、农业推广局、农产品信贷、州合作研究局、林业部门等。美国各州的农业资源产权主要分为州有产权和私有产权，各州之间的农业管理体制并不完全相同，根据不同农业情况由其内部农业管理部门具体负责。有效的管理体制为其农村产权流转交易创造良好的环境，促进其健康有序地发展。

第三，采取多样的扶持政策。美国联邦政府为激励农村产权交易的积极性，实施了一系列的扶持政策，包括税收政策、贷款政策和经济补贴政策等来吸引更多的生产投资者。因此，为调动农村产权交易的积极性，政府可以通过各种优惠性政策，采用政策引导、信贷支持、利息调节、价格补贴等经济手段，鼓励和诱导场内市场交易，为加快农村产权市场建设创造必要的保障机制，提供一个良好的外部运行环境。

二、日本农村土地产权交易制度

我国和日本有着相似的地域、文化，在第二次世界大战结束后都进行了几次比较彻底的农地产权制度改革。经过几十年的发展，日本农业已达到现代化发展水平，而我国依然处于传统农业向现代农业转变的改革探索过程中。因此，借鉴日本农村土地产权制度与产权交易的先进经验为我所用，具有十分重要的意义。

第二次世界大战前，日本实行土地改革，政府强制收买封建地主土地，然后将其以较低价格分给农户，随后颁布法律确定土地永久使用权，并严格限定流转。因此，以小规模家庭经营为主要特征的经营组织形式在日本农业发展进程中长期占主导地位。第二次世界大战后，伴随着世界经济的高速发展，农业现代化、国际化快速推进，规模化经营趋势日益明显，因此，日本逐步启动了以推动土地流转、促进农业专业化集约经营为核心的土地产权交易制度改革。改革分三个阶段：一是“自耕农”阶段（1952～1961 年）。1952 年在以维持农民土地所有制改革成果为目的的《农地法》中，创设了自耕农和改善租赁关系，其中自耕农指自耕地面积占90%以上的农户，集农业所有、经营与劳动三位一体的自耕农户。《农地法》的主要内容是对农地的管制，但由于规定过于死板，限制了土地的合理流动，结果是农业结构僵化呆板，反而阻碍农业发展。因此，为改善农业结构，扩大农地经营规模，提高农业生产力和降低生产成本，促进农地的流转就成了一项重要内容，《农业基本法》在此背景下制定并颁布，标志着其过渡到第二个阶段——“自立经营农户”阶段（1961～1993年）。自立经营是指以农业家庭中的农业从业人员能够获得与其他产业同等或接近收入，即实现完全就业的经营规模。《农业基本法》的核心是改善农业结构，培育自立经营与促进协作，但实际进展情况却不尽如人意，农地价格上升、耕地利用率不升反降、规模经营停顿不前，“自立经营农户”也未能成功培育。于是在1980年日本又颁布了《农地三法》，使日本的农地制度迎来了管制和促进流转双轨制度并存的新时代。三是“农业经营体”阶段（1993年至今）。1993年日本在《农地三法》基础上又制定了《农促法》，主要以农地制度为基础，鼓励集中培养新型农业人才，鼓励兼业化程度高的农户或高龄农户将农地流转给这些人才，这些专业人才在农业结构上建立一种有效稳定的经营体，从而实现农业从业人员与其他产业劳动者相同水准的劳动时间和收入。

对我国农村土地流转的启示：日本土地改革及土地产权交易制度改革除阶段性明显特征外，还具有一些特点值得我们借鉴与思考：其一，为确保农耕地及粮食安全，避免土地兼并及以大资本排挤小农户，日本严格限制法人流转农地，从而避免了农民失地的风险，解决农民在土地流转过程中的后顾之忧。其二，成立专门的土地流转平台机构，尤其以国家、地方、基层三级农协联合组成的农地管理公司，具有非营利性质，专门从事购买或租用农地，然后出租或出让，并帮助农民开展生产资料订购业务，大大提高了流转效率，降低了生产成本。其三，实施多元化的辅助保障政策，主要内容如下：鼓励小规模兼业农户退出土地经营，提高专业农户比重；为农业人设立养老保障制度，实施农业技术和管理的经营培训，以此来培养以农业为职业的新型职业农民。在日本农地流转制度的发展过程中，除最初采取一段时间的强制管制制度外，从“自立经营农户”阶段开始，政府角色始终定位于积极的推动促进作用，通过行政、立法等手段，创设良好的农地流转市场氛围和法制环境。

对我国农村产权交易市场建设的启示如下：

第一，稳定、明晰、完整的农地产权是前提。从日本农地制度改革的成功中可以看出，建立农村土地管理机构，稳定明晰的土地产权制度是根本要求；限制股份公司农地经营，有助于农户对其农地经营活动形成稳定、合理预期，激发其农地经营或流转积极性。

第二，法律与政策引导是保障。日本自进行土地改革以来，有关土地流转的相关法律和制度不断形成、发展与完善；相关政策的实施与推广，政府职能更多的是起指引和促进作用，而不是干预，政府职能工作的改进真正使日本农地流转得以顺畅进行，并取得了良好的效果。

第三，培育农业专业化人才，鼓励中介服务组织加入到产权市场中来。日本鼓励培养农业专业化人才，定期举办管理经营培训并推广农业技术，通过建立农村合作经济组织、各级农协等中介机构为交易提供便利和支持，促进了农户间交流与合作的同时，加快了交易的速度，提高了交易成功率。

三、印度农村土地产权交易制度

印度与我国相似，同是历史悠久的国家，同为发展中的人口大国，一半以上人口直接或间接以农业为生，农业尤其农地方面存在诸多问题。印度农村发展不均衡，城镇化速度缓慢，随着人口的不断增长，土地持有朝着更加细化和分散化方向发展，农田灌溉、技术改良、农机应用困难，导致生产力难以提高，规模经营难以形成，无法发挥规模化生产优势。尤其是在印度东部和中部的传统农业生产地区，农地分散经营情况更为严重，土地分割数量比较高。

另外，印度土地分配不均，两极分化严重，占印度人口总数 60% 的小农（经营土地 2 公顷以下）和边际农（经营土地 1 公顷以下）仅拥有全国 23.5% 的土地，而不到农业人口 10% 的地主、富农却拥有 85% 的土地。因此，印度独立后，进行了土地制度改革。通过立法，对细碎的农业土地进行合并，部分邦政府还对小块土地进行强制合并，取得了较好的效果。为防止垄断，印度政府严格规定农户持有土地的最大面积。例如，印度政府在 1996 年制定了土地持有最高限额的法令，对于超出规定限额以上的土地将分给无地、少地农户或交给农村合作社。法令的实施，对印度过剩或垄断的土地重新进行了调配，使得一部分无地、半无地的农户拥有了土地，保障了农民的基本生活，但这也带来了负面效果——土地细化严重。因此，为提高农业生产力，既保障农民土地权利，又促进规模经营，印度进行了一系列农地流转等土地改革措施，但由于与农业实际发展情况脱节，实施过程中被不断地中断和否定，且得不到非农资金的支持和相关机构的配合，改革的效果并不理想。农民并未真正实现拥有可耕种的土地，无地农民又日益增多，加剧了农村贫困。此外，土地流转制度立法不足，流转行为不规范，印度各邦政府对土地流转的行政干预也不到位，缺乏利益共赢与互动激励机制，良好的土地流转体系难以形成。

对我国及农村产权交易市场建设的启示：在土地改革进程中，立法保障制度的制定与实施尤为关键，既要促进农业化的规模经营，又要保证农民失地、农地他用的风险。印度农村土地产权制度分配不合理，收益分配两极分化严重，对广大农户在土地收益分配中的权益难以保障的教训要引以为戒。土地制度改革及农村产权交易市场的建立，要维护多数农民群众利益，促进规模化经营的过程中要防止垄断现象的发生，确保农地耕种面积，防止企业或其他机构侵占农地。另外，政府对土地流转行政干预要以立法为支撑，形成全国上下运行良好、利益分享的互动机制，实现土地及其他生产要素优化组合与配置，保障土地收益分配中广大农民的权益。

四、俄罗斯农村土地产权交易制度

苏联解体后，俄罗斯开始实行包括土地改革在内的“休克疗法”，以促使经济转型，而土地改革的核心内容是改变农村土地的所有制性质。这一改革已历经近30年，至今尚未完成，这其中既有教训值得吸取，又有成功经验值得参考。

俄罗斯的土地改革进程大致可分为三个阶段：土地私有化改革、农用地利用机制改革与征地制度改革。在土地私有化改革阶段，1990年4月，俄罗斯在苏联时期制定了关于土地改革的法律文件——《土地立法纲要》，其以土地重新分配为目标，未规定土地的所有权，但规定了近似于公民土地所有权的可继承永久占有权及永久使用权和租赁权。随后5年，《关于实行土地改革紧急措施的命令》《关于调整土地关系和发展土地改革的命令》《关于实现土地和财产份额所有权的决议》等一系列总统命令陆续颁布，明确土地所有者可自由支配自己的土地份额，包括出租、出售、继承、赠予、抵押或作为股份公司、合作社的股金。虽然自实行土地私有化后，土地交易十分活跃，但直到1999年，俄罗斯都未出台关于土地买卖的法律，导致土地流转集中在非农地领域，农地流转进展不大。进入21世纪后，俄罗斯的土地改革已不再激进式前进，改革的重点是提高农地利用率、赋予土地权利主体真正实现权利的可能。2002年，《农用土地流转法》的出台将农地所有权首次以联邦法律的形式确认下来；2005年，《农用土地流转法》的修正案为加快土地及林地的自由流通，降低农地改作他用或被污染、退化，提高农用地利用效率扫清障碍，土地交易机制已经建立并逐渐完善。

对我国及建设农村产权交易市场的启示：俄罗斯的农地改革变革形式多样，但总体上收效甚微，远远没有达到预想的效果，反而使俄罗斯的农业出现了较大幅度的下滑。首先，从俄罗斯发展家庭农场经济的过程中可以看出，赋予农民长期的、稳定的农村土地产权对于提高土地流转效率是至关重要的。其次，与其他生产经营主体相比，以家庭、自耕农为主体的家庭农场经济能够发挥更高的生产效率。因此，我国建设农村交易产权市场的前提应该是赋予农民长期的、稳定的、清晰的农地产权；虽不能照搬照套其发展家庭农场经济，但对能够提高农业生产主体积极性的家庭、自耕农应当予以充分重视。最后，俄罗斯农地私有化的改革是与整个经济体制改革相适应的，是符合现阶段基本国情的。但也应注意到，俄罗斯的改革是粗线条的，缺乏明确的量的规定性，特别是缺乏如何在产权私有、可以交换条件下保护农民生存利益方面的措施和办法。此外，人口不足和人口过剩均会对土地的规模经济产生负面影响。俄罗斯的农村人口严重不足，影响了对现有土地的耕作，而中国农村人口过剩，同样影响土地的进一步规模化经营。因此，中国的国情和改革目标与俄罗斯完全不同，因而只可借鉴。

五、越南农村土地产权交易制度

越南小农经营已有上千年历史，人口大部分集中在农村，人均耕地面积少，土地政策和中国有许多相似之处。1986 年，越南实行革新开放，关于土地制度方面的重要改革始于 1987 年首部《土地法》的颁布，由此拉开了从高度集中的包给制向市场经济体制的转变。1993 年，越南出台第二部《土地法》，农民土地使用权得到扩大。在随后的实践中，《土地法》被不断修改和完善，奠定了土地市场的制度基础。

根据越南宪法，土地归全民所有，国家代表全民拥有土地处置权，个人、家庭和组织可以持有并流转使用土地权利。越南农民拥有的土地使用权具有长期性、确定性、排他性和流转自由性的特点，具有明显的物权属性。越南农民可以长期稳定地使用分配到的土地，并且可以自由流转、交易、出租、抵押、赠予以及继承等多项权利。此外，对于土地使用权的限制也有十分明确具体的规定。就农地使用期限而言，包括一年生作物、多年生作物和水产业的期限；就流转面积而言，根据不同地区、不同作物规定了不同的上限。

越南土地使用权的转移必须在国家主管部门办理手续并进行登记，且交换、转让、出租、抵押等土地使用权的交易必须以书面合同形式进行，并经有管辖权的地方人民政府确认；交易价格在根据中央政府规定价格幅度的基础上由当事人自行协商。当抵押人以土地使用权为抵押物作融资担保，而抵押人未能按期偿还贷款和利息时，相关主管部门有权依法拍卖抵押人抵押的土地使用权。

对我国及建设农村产权交易市场的启示：首先，越南相关法律对于农地流转的形式、面积、时限等都做了明确而详细的具体规定，这为预防和解决土地纠纷提供了保障。政府积极鼓励农地使用权流转，凡是具有土地证、未发生过土地纠纷的农村劳动者，将转让的土地用于农业生产的，双方签订流转合同后，土地流转就成立。对于耕地保护，要严格规定农用地的固定面积，以保障农耕地及国家农业粮食安全。其次，越南制定了严格的土地审批制度和补偿制度。例如，将农田转为建设用地时，不仅要经过政府的严格审批，而且用地单位必须开发相应数量的农地或缴纳一定的资金让其他单位开发，从而保证农地规模。但对于市场有序发展，政府应积极引导，不可过多行政干预，尤其在农村交易产权建设和产权交易上不做过多的限制对象和范围，这既防止了农用土地改作他用，又推动了土地的适度规模经营。与此用时，政府还应积极鼓励和引导个人利用社会闲散资金开发未利用的土地。

综上所述，虽各国然因国情不同而使农村产权制度有所差异，但美国、日本等发达国家在农村产权交易市场建设上，尤其是土地产权方面的研究及经验仍然值得我国借鉴，俄罗斯、越南等国家所积累的教训同样值得我国参考，可以将其与本国国情相结合，应用到本国的农业产权建设中来。

第一，从其中一些国家产权制度改革中可以看出，土地市场充分发挥作用的前提是必须拥有清晰的土地所有权或者正式授权的土地证书。无论公有制还是私有制，或是多元化农村产权所有制结构，权属的差异并不影响产权的保护及有效利用。稳定、明晰的产权制度不仅可以调动农户经营积极性，而且也是立法实施的前提和基础。

第二，农地经营权与所有权的分离是加速器。私有制并不是解决土地问题行之有效的方法，关键是农户各项权利的稳定与保障。在以土地使用权为基础的国家中，经营权与所有权的分离可以提高土地的社会保障功能以及资产的增值，加快土地流转速度，有力推动农业现代化及规模经营。鉴于我国农地集体所有的性质，必须通过法律做实土地承包经营权，赋予承包权明确实质的性质，才能真正地实现农地承包权与经营权的分离。因此，我国农村产权制度，尤其是农地制度改革方向绝不是私有化，而是应赋予农民长期而有保障的农地经营使用权。

第三，专门化的平台机构是交易新引擎。专业规范的网络平台或交易市场不仅可以降低信息搜寻和交易成本，而且可以发挥专业优势，加快农村土地流转的速度和成功率，如美国的土地平台服务、日本农民合作社等。

第四，相关配套服务机制是重要保障。农村产权交易市场的建设与运行不是一个孤立的过程，必然要与农村其他经济制度发生联系。农地流转能否得以顺利进行，离不开良好的政策环境和法制法规的支持；相关配套服务机制是否健全、规范，直接影响与决定着农村产权交易市场的建设和效率。

总之，农村产权交易市场的建设与发展，与土地改革、生产力水平及社会发展阶段有很大关系。国外的农村产权交易大多建立在私有产权的基础上，尤其是土地产权与我国农地非农化过程中土地公有制的背景、地方政府主导等实际情况有很大的不同。因此，国外农村产权制度设计、价值取向和交易市场安排的政策手段等方面的研究结论难以在我国简单地被套用。借鉴国外经验的同时必须考虑我国的实际情况，不可不讲条件随便照搬照套。对于农村产权交易市场建设，我国应采取谨慎推进的方式，采取实验区“先行先试、逐步推开”的方式，既要提高市场经济环境下的效率，也要兼顾社会主义的公平，探索出一条适合我国国情、符合我国实际情况、有中国特色的农村产权交易市场发展创新新路径。

第四章
吉林省农村土地产权交易市场建设现状

农村土地流转是农村发展的重要问题，可以说是农村产权交易市场建设、运行并创新发展的重要驱动力。从吉林省实际情况出发，核心问题仍是农村土地流转交易，并且农村产权交易服务体系的构建需要坚持合理、完善、可行的原则，有利于促进农业发展方式转变，推动农业可持续发展。国内外无数实践经验给我们重要启示，一个国家只有建设适合本国国情的农村产权市场制度体系，才可能使农村产权市场得以逐步引入并在实践中稳步推进。考虑到中国的特殊国情，吉林省作为重要农业大省，如何建设和发展农村产权市场，形成配套设施完善、效率兼顾公平的农村产权交易市场体系，既充满机遇，又有巨大的难度和挑战。

第一节　吉林省农村土地产权交易市场建设的条件

吉林省农业经济结构并不是一成不变的，在工业化及城镇化进程的推动下正不断平稳施行、逐步调整，现代农业发展对于土地流转的规模和速度也提出了更高的要求。在国家政策引导下，从近年来我国土地流转情况来看，吉林省的土地流转未来发展趋势已清晰显示出来，将呈现出土地流转速度加快、土地交易规模扩大、土地流入主体多元化的态势。近些年，吉林省农产品资源凭借其特有的优势，不断在土地流转过程中吸引国内大量的相关企业和农业产业化龙头企业等非农业经济主体介入，成为重要的力量。当前吉林省土地流转介入主体主要包括四大类：农户、工商企业、农业合作组织和城市居民。2015 年，吉林省农村土地流转总面积为 1683 万亩，占家庭承包面积的 27%，同比增长 3%。各类规模经营主体 6.3 万户，经营面积 1222 万亩。

此外，非农经济主体一般而言均具有各自特点，尤其是在资金和技术等方面通常来说优势明显，所以他们在土地流转过程中也就处于有利地位，因为其所提供的土地流转资金对农户具有明显的吸引力，使土地流转交易更容易达成。例如，吉林省诸多龙头企业通过“公司中介订单农户”的形式介入农地经营，这是得以享受国家层面优惠政策的结果。这种土地流转模式成为非农企业最普遍采用的形式，深入来看，其结果仍是农民实行原有的家庭经营，同时还能获得土地租金、就业机会以及工资性收入等之前鲜有的好处，从而使农民收入增多。进一步来说，此种形式实质上是经历这样一个过程，即土地先由农户加以集中，再由合作社提供给中介，然后可与企业协商签约，最后对各种生产要素按企业要求进行合理配置。所采用的这种土地流转形式使基地培育成为在农地经营中吉林省多数企业的主要做法，这种形式不仅能切实改善民生，而且企业也会通过订单的形式从中受益，如能在一定程度上降低交易成本，也可在培养雇工方面节约技术成本等。因此，这种土地流转过程中出现的新型合作经济组织使传统意义上农户间简单随意地转让、转包、互换等土地流转方式发生改变，这是一种在生产和市场实践中逐步形成的模式，实践也证明其不仅能有效提升农民组织化程度，而且将使土地集约化水平不断提高。

作为重要的农业生产要素，农村产权必将在实践推动下实现突破，关注市场机制的作用，并逐步推进市场化改革，进而寻求效用最大化已是大势所趋。吉林省农村产权交易市场建设的条件可以概括为以下几个方面。

一、国家及地方相关法律法规、政策制度的支持

我国 1988 年的宪法修正案对于土地流转来说具有划时代的意义，从那时起，

正式从法律层面解禁了农村土地流转，为农村土地流转找到了法律上的依据，并逐渐向规范化及可操作性的方向发展。2014 年在中央一号文件中，也正式将我国农村土地制度改革作为农村改革的重点内容，启动了新一轮的农村改革热潮。该文件明确提出稳定农村土地承包关系并保持长久不变。具体来说，仍需严格执行和完善规范的耕地保护制度，对于这一过程中土地享有占有、使用、收益、流转及承包经营权中的抵押和担保等权能均可正式赋予农民，提高农民的自主权及积极参与意识。随着实践的推进，逐步出现了农民以土地承包经营权入股发展经营的状况。对此应明确允许并加以支持，进一步鼓励承包经营权可以在公开的市场上向农业企业、农民合作社、家庭农场和专业大户进行流转，进而发展多种形式的规模化经营。这无疑是通过正式文件由党中央发出的一场重大而深刻的改革号召，其影响必然极为深远。

吉林省在国家出台的相关文件基础上，依据国家制定的法律和政策，从本省的省情出发，通过多次的调研、研讨及修正，围绕土地流转问题制定了一系列土地产权政策的文件。

其一，2005 年制定了《吉林省农村土地承包经营管理条例》，对农村土地流转协议加以关注，规定了协议的签订、鉴证、备案、变更和解除中涉及的诸多问题，而且确认了无效流转合同。这一条例聚焦于农村土地承包的经营管理问题，不仅能有效规范和稳定农村土地承包关系，而且对农村土地流转主体的合法权益保障也起了举足轻重的作用，进而对保护和促进农村经济发展必将产生深远的影响和意义。

其二，在 2005 年 4 月，又发布了《吉林省人民政府关于妥善解决当前农村土地承包纠纷的意见》，对于《吉林省农村土地承包经营管理条例》进一步细化，并提出了具体要求。从政策的高度上，提出要积极促进农村土地的流转，在这个过程中，流转合同的签订要实现规范化以保障农户的合法权益，要实现土地流转的市场化，土地流转应按市场规律运行，这就要求不能强制或者阻碍土地流转，也不得扣留或者截留土地流转收益。

其三，2005 年 9 月，《中共吉林省委、省人民政府关于农村土地承包经营权流转的若干意见》颁布，该意见不仅对吉林省农地流转的基本原则和总体要求加以明确，而且清晰、详细地规定了土地流转形式，以及如何建立和完善土地流转机制、规范土地流转管理等内容，这些内容在确保土地健康流转和有序发展方面起到了关键性的作用。

其四，2009 年制定出台《吉林省农村土地承包经营权流转市场服务体系建设试点工作方案》，该方案重点关注土地承包经营权流转市场的建立问题，不仅针对这一问题提出具体要求，而且关注了土地承包经营权流转的市场服务体系，提出要有效维护和增加农民的土地承包权益和收益，就应在坚持农村家庭经营制度的前提下，不断强化和充分激活各级农村土地承包管理机构的管理职能，从省情实际出发，不断完善并打造多主体、多形式、多层面的土地承包经营权流转的市场服务体系。

其五，2009 年还印发了《关于加快推进和严格规范农村土地确权登记办证工作的通知》，对于开展农村土地确权颁布证照工作进行了规划和具体安排。

其六，2012 年，吉林省政府发布了《吉林省人民政府关于进一步明确农村集体土地确权登记发证若干问题的意见》，该意见重点关注农村集体土地确权登记问题，明确了这一问题的具体任务，其作用主要是对农村集体土地进行确权和登记发证施行规范化管理和有计划地推进。

其七，2015 年 11 月颁布《吉林省率先实现农业现代化总体规划（2016 ~ 2025 年）》，该规划涉及吉林省农村土地承包经营权地确权登记和颁证工作，明确提出 2017 年完成该项工作，推进被承包土地地经营权抵押融资，并开展三权分置并行地试点工作。

二、吉林省是重要的农业大省，市场发展潜力巨大

吉林省地处世界闻名的黑土带，是国家重要的粮食产区，在全国粮食商品率以及储备总量上，吉林省均名列前茅，可以说在保障国家粮食安全上作用重大，影响极深。但是从土地流转工作开展的情况来看，在全国范围内，吉林省开始得

并不早，在全国第二轮土地承包工作全面完成之后，也就是20世纪90年代中期，吉林省的土地流转工作才开始大范围施行。所以，进一步地说，吉林省土地流转的规模、速度和范围都处于全国中下水平，这与吉林省户均土地占有量高于全国平均水平的现实存在强烈反差，这种状况与吉林省土地流转政策环境滞后、农民思想意识保守等有着密切的关系。但是近年来吉林省农村土地流转步伐明显加快，一方面受益于国家层面土地流转政策的出台和施行，使土地流转有了政策性保障，另一方面这一过程中出现土地流转逐渐向农业大户倾斜的现象，并越演越烈，农业产业化趋向越加凸显。

国家国土资源厅2014年公布了第二次土地调查报告，根据调查报告显示，吉林省的土地状况如下：耕地面积占全省土地总面积的30%，共有耕地703万公顷，其中基本农田483.4万公顷；草地69.1万公顷、林地886.4万公顷、城镇村及工矿用地81.3万公顷、园地6.8万公顷、水域及水利设施用地71.6万公顷、交通运输用地30.4万公顷。全省耕地按地区划分为东部、中部和西部三个地区，以延边州、吉林市、通化市、白山市四市为主的东部地区耕地占27.1%，共190.5万公顷；以长春市、四平市、辽源市三市为主的中部地区占38.3%，耕地269.6万公顷；包括白城市、松原市在内的西部地区占34.6%，耕地242.9万公顷。上述数字是吉林省土地实际的总体状况，但需要指出的是，吉林省现有耕地数量虽然可观，但有相当一部分质量不高，而且吉林省也存在着耕地后备资源严重不足的忧患，耕地保护形势也极为严峻。所以，吉林省土地流转的顺利实施，需在现有基础上综合衡量多种因素，如现有耕地数量和质量、吉林省发展用地需求、人口增长等。虽然吉林省土地流转水平相比于以前有了大幅度改进，数量少、规模小、范围窄、不集中等问题已基本消除，而且土地流转整体而言呈现流转主体多元化、流转地域扩大化的特征，但实际发展状况及可能出现的忧虑都让我们居安思危，从省情出发应建立有形市场规范交易。

三、农村土地产权交易私下交易活跃，形式多样

对于全省的农户流转，据相关部门统计数字显示，流转给亲戚朋友的比例是

21%，农户间的流转占流转农户数的73.4%。委托村集体组织流转的农户比例不到4%，而自发流转的比例占92%。近些年在流转过程中也常会出现矛盾甚至争端，因为生活于同一村庄的农户间彼此较为了解，这就给土地流转的违规操作提供了条件，一些村集体就可能因利益原因采取行政手段违规干涉土地流转，这些行为导致了农民权益受到了严重的损害，这些情况也导致了村民失去了对村干部和村集体的信任，而更倾向于信任亲友。当然，家庭代际之间的土地流转状况也在一定程度上存在，此种流转在家庭内部就可协商完成，农户在这一流转中不需要委托任何第三方。需要特别注意的是，近些年农民合作组织出现并发展很快，这些组织极大促发并推进了土地在农民间自发流转的完成。并且，在合作组织干预下，已成功完成流转并得到切实实惠的农户又会形成后续辐射效应，可为未进行土地流转的农户对于自己的土地流转做出正确决策提供现实依据。究其原因，民心所向、利益使然。可以说，在成功的土地流转中利益获得感的引导下，土地流转不断得到百姓的认可并接受，一人的获利就极易引发农民集体流转的现象，在吉林省就经常出现整村的承包土地全部进行流转的现象。

在林权方面，吉林省林业总交易产值由2005年的236.01亿元增长到2014年的1450.99亿元，年均增长率为8.38%。除上述的农村土地承包经营权及林权交易外，吉林省产权交易品种也越来越丰富，如生产性设施使用权、集体经济组织股权、农产品交易以及资产抵押业务等，市场需求扩大，表现活跃。

从流转方式上看，由初期的转包、互换向转包、互换、出租、入股、转让等多种形式转变；从流转对象上看，除农户之间的流转外，专业大户、工商企业、农民合作社、家庭农场等新型农业经营主体不断涌现，截至2017年吉林省形成各类规模经营主体6.3万户，有71797户专业种粮大户的种植面积在100亩以上，经营耕地面积1234.9万亩，占吉林省耕地面积的11.7%；从流转速度上看，近几年流转速度和面积上逐年增长，2011~2015年，全省农村土地流转面积分别是646.5万亩、885万亩、1206万亩、1520万亩、1683万亩；从流转用途上看，2015年，吉林省粮食作物维持7800万亩，农作物播种面积为8698万亩，粮食总产量为700多亿斤，土地流转主要还是用于农业生产和经营，农地的基本用途没有发生改变；从流转期限上看，流转期限较短，多采取 1 年或 2 ~ 5 年内短期承包的保守方式。

四、已初步建立了市（州）、县（市）、乡（镇）三级交易平台

“三农”问题是国家发展的大战略，也是吉林省的重点关注和解决的问题，建立农村产权交易市场应是当务之急，这对于农村劳动力转移和集约化经营环境的打造意义非凡。总体来说，在借鉴和吸收其他地区农村产权交易市场建立的经验基础上，吉林省进行试点实验，以乡镇农村土地流转服务中心为载体，充分发挥信息化网络平台的作用，着力打造市（州）、县（市）、乡（镇）三级平台体系。吉林省农村产权交易市场建设开始较晚，吉林省首家农村产权交易中心是 2012 年在通化市辉南县的抚民镇、朝阳镇和辉南镇成立，进而在全省推广，但至今仍处于初级阶段。受其影响，延边州、长春市、四平市等市率先推动平台建设，而吉林市、白山市、辽源市、白城市至 2017 年仍在规划筹备之中，亟待实施。长春农村产权交易中心在这一过程中为吉林省农村产权交易市场提供了很好的经验，对于引导和推动农村资源配置过程中市场的主导作用，进而促进“三农”问题的解决与推动城镇化建设作用重大。截至 2017 年，为顺利推进农村产权交易信息的收集以及报送工作，吉林省各市（州）都已相继成立乡（镇）级农村产权交易中心，主要把农村土地承包经营权、“四荒地”使用权等作为重点交易项目。截至 2016 年 6 月，通化市共设立 59 个乡（镇）农村产权交易中心，主要以村集体水库、“四荒地”、村集体的资产等为交易标的物，完成农村集体经济资产、资源交易 487 笔，交易金额 6123. 8 万元。

总体来说，吉林省农村产权交易市场在各项指标及程序上都在不断成长和完善，目前已初具雏形，特别是在交易种类、交易模式、交易流程、交易层级等方面成效显著，由此推动下的农村产权金融改革也取得长足发展。但还需指出的是，对吉林省农村产权交易市场建设我们需保持清醒认识，毕竟时间较短且问题

较多，许多缺陷和制约因素仍需要在后续的工作中逐步改进和完善。

第二节　吉林省农村土地产权交易市场建设的障碍

吉林省历来是中国的农业大省，虽然粮食生产一直位于全国前列，户均土地高于全国水平，但不得不承认，由于农村产权交易起步晚，导致流转速度、交易规模等处于全国中下水平，不规范的土地流转交易较为普遍，如因为签订合同不规范、交易双方口头约定等问题是造成矛盾纠纷的主要原因，这不仅阻碍了科学有效的交易秩序的建设，也在很大程度增加了市场风险。吉林省农村产权交易市场建设起步较晚，发展相对较为滞后，目前处于全国中下游水平。成都市农村产权交易所运营已八年之多，吉林省至今没有建立统一规范的综合性农村产权交易市场，既有外部一般环境的影响，又受其自身因素的制约。

一、产权边界不清，权利主体模糊

农村产权实施进程交易的基本要求之一就是产权界限明晰。而这一点在我国目前的法律框架下显得尤为突出。农村产权的权利主体被赋予的权利不够完整，农村集体经济组织虽然拥有集体土地所有权，但是权能缺失，没有处分权，这就对于农村土地流转造成了极大的障碍。这种缺失导致了拟转让土地的农民，所拥有的不动产上的权利不够完整，这就导致该产权无法实现彻底充分的流转，更主要的是造成了价格不公平的现象。

农村资产实现资本增值的主要途径是资本转化，价格和市场挂钩，而明确的产权归属是实现这一目标的前提。当前产权不清晰依然是我国农村产权交易市场发展的最大障碍，现行农村土地产权制度产权不清问题尤为突出。例如，我国《土地管理法》明确规定：宅基地和自留地、自留山，属于农民集体所有，但对于具体属于集体的哪一级未做明确说明，从而使主体权利重叠，严重的会发生多头流转交易现象，甚至将引发利益冲突。因此，不得不说的是，由于我国农村产权的权属界定工作开始得晚，确权颁证工作又不能跟上发展步伐，再加上缺少法律层面的保障，所以经常会发生争议纠纷，民众的市场交易意愿淡薄、交易基础薄弱。

所有权权利主体界定模糊导致承包权的主体界定存在障碍。从吉林省现实情况来看，吉林省第二轮土地承包工作已结束，当时划分的土地承包关系得以保持至今，但承包权权利主体界定不清将带来后续诸多问题。尤其是经营权的权利主体，当时采取把承包权和经营权合并的产权制度，因此就出现经营权的权利主体模糊，所带来的问题就是，从把握上就基本等同于承包权的主体。然而随着农村状况不断有新形势及新需要，普遍进行流转的也包括经营权，但在这一过程中，缺乏对权利流转地对象和主体间地权利义务关系的明确规定是吉林省农村土地流转问题产生地较为根本性的原因。

2009 年，吉林省土地确权工作在延吉市、德惠市、大安市、吉林市展开，最初各选一个村率先进行试点，2014 年部分试点整市推进，2015 年全省全面展开，2017 年底，吉林省土地确权工作全部完成。但除土地承包经营权外，其他产权（土地承包经营权、小型水利工程产权、集体建设用地使用权、集体建设用地上房屋所有权）的确权工作皆未开始或尚处于起步阶段，后续工作较多，任重而道远。

二、交易品种单一，交易行为不活跃

由于农村获取信息途径狭窄，导致农民在农村土地流转价格的确定上不掌握主动权，他们对于土地流转中的供需状况也把握不足，这就导致土地流转的范围只能局限于家族内、组内或村内小范围进行。土地流转效益的发挥因此受到了极大阻碍和制约。需指出的是，在土地流转过程中和流转后的监督和管理存在普遍的缺位现象，导致在流转过程中产生土地流转纠纷时，不断出现纠纷无人受理，甚至即使受理也不能有效解决的现象。此外，无专人负责土地流转管理的现象也时有发生，究其原因，这主要与乡镇一级政府机构改革及人事调整等有关，再者，土地流转资料保护意识不强，没有建立规范档案，也会影响农村土地流转的顺利开展。

虽然从理论上认为土地流转能够有效促进土地集中，进行规模化经营，但是在实践中以此为直接目的的比例明显低于预期，特别是对于农户间的散户流转而言更是如此，这种自发性的流转往往并不要求具有规模化经营的导向。而且即使一些公司或者企业和组织初衷如此，但是想要从拥有土地面积细碎、分布区域较为分散的农户手中获取相应的土地以形成规模仍然存在不小的困难，这导致连片开发无法真正展开。

从现实来看，吉林省各个农村产权交易市场可交易农村产权种类多样，但受限于本省农村产权交易市场发展慢及宣传少，导致以土地承包经营权、集体资产及林权为主的交易标的物更多会实现入市交易，而其他诸如宅基地、农房等农村产权虽已挂牌但交易寥寥，其他类型的农村产权交易受限较大。再由于农民往往会坚持已有的交易模式，自发、无组织的私下流转交易较为普遍，入市交易积极性、主动性不高。一方面，虽然对农户交易中心不收取任何交易费用，但农户因时间、路费等所需付出的成本仍然相对较高；另一方面，因为交易数额通常较小，流转交易范围均以本村或本集体经济组织为主，这就在一定程度上导致农民进场交易意识淡薄，亟待突破政策上的瓶颈。

三、网络信息平台不规范，运营能力不足

整体上吉林省农村产权交易网站得到逐步发展并不断建立，但是因为资金投入、专业技术人员技能都受到不同程度的制约，因此存在覆盖范围广但运营能力弱，技术管理能力欠缺，部分职能虚设等负面问题，使网络平台使用效益不高，没有充分转化为产业。以长春农村产权交易中心为例，设立了“业务公告”“业务平台”“成交公告”等模块，但相关信息少或信息更新慢；再如公主岭市农村

产权交易中心，“中心概况”“服务规则”“资料下载”等模块也是如此情形。交易主体的使用和搜索存在障碍，信息资源的重复设置与信息供不应求的矛盾较为普遍，另外，对工作人员技能要求较高，要具备较综合、全面的知识储备和解决实际问题的水平。因为信息平台需收集转让方与受让方的有效信息，平衡双方权益时完成信息分析、处理、整合、发布等工作，对工作人员的技能水平有要求，否则就会陷入运行困难甚至运营瘫痪的境地。

四、农村金融体系不健全，交易双方融资困难

长期以来，吉林省经济发展相对落后，资本积累相对缺乏，特别是农村地区，资金对农业的投入难以满足农业发展的需要。因此，生产资金问题不仅是制约和束缚专业大户、家庭农场和农民合作社等新型农业经营主体专业农场发展的关键问题，也是整个吉林省农业发展中亟待解决的一大难题，具体表现为即使存在较好的项目，但是由于资金缺乏，合格的买受人缺位，导致项目不能成交。资金缺乏是农村产权交易中存在的一个难点问题，直接影响了成交率。那些专业大户、家庭农场和农民合作社等新农业经营主体正处于发展的关键阶段，他们所进行的内部融资无法满足快速发展的需求，而进行外部融资主要依靠于向银行和小额贷款公司贷款融资。但是这些经营主体往往缺乏有效的抵押物，因而往往无法成功贷款，特别是大型的国有商业银行对此要求更高，贷款更难。而吉林省相关的政府部门虽然设立了专项的资金以满足这些主体发展的需要，但是其覆盖面仍然不足。省内在农村土地产权中经营权的抵押和担保中不能有效发挥权能，导致了对农村土地产权交易的落实造成阻碍，对吉林省农业生产的贡献也有限。总体上，融资困难将会导致生产经营资金缺乏的问题，使得农业的发展速度下降，这说明在金融创新方面，吉林省仍有很大的研究和发展空间。

土地流转是推动农业进行规模化经营的有效途径。但是资金成为问题的关键环节，因为此种流转须能够与工业化建设、城镇化发展和农业现代化的推进相适应。对于那些土地流出的农民而言，虽然其获得的土地租金可以供其向城镇转移

或者为其前往其他产业就业提供启动资金，但是其通过土地流转所获得这部分资金，由于户均占有土地规模较小，并不足以满足其去城市生活的需求，这样，农民向市民转化的成本远远未达到要求。而就土地流入主体而言，前期投入在规模经营中占的比重较大，大规模的土地流入需要支付租金，而农业产业的运行周期较长，又决定了其收回投资的周期也会相应地加长，这样在流入后的规模化经营中，资金也会成为他们发展的瓶颈。因此，目前及下一步继续发展的关键问题是怎样切实解决交易双方的资金困难问题，真正建立起满足土地流转双方需要的融资贷款机制。吉林省现有的举措，如建立为"三农"服务的农村信用社等金融类机构问题较多，而且不是短时间所能完全解决的，存在资产质量差、经营规模小的特点，信贷资源较有限且覆盖面不足。那么在农民土地抵押权受限的背景下，融资将会尤为困难，如此问题不能有效解决，土地流转的初衷和目的就难以实现。

五、运行机制不健全，缺乏配套中介服务

吉林省农村土地产权存在着产权权能缺陷，权利落实存在不足等困境。而造成这种状况的原因归根结底是由于当前吉林省的农村土地产权制度不健全，产权进行运作的机制也不够完善。我国的家庭联产承包责任制在其政策实行之初发挥了巨大的作用，农民的生产积极性较高，大幅度提高了农业生产效率，但是伴随农村经济产业化、规范化经营的出现，该制度出现了边际效应递减的趋势，甚至某种程度上已开始成为阻碍农业生产方式变革和农村经济发展的绊脚石。

当前，从吉林省实际情况来看，与农村发展的实际情况不相适应的是，两权分离的农村土地产权制度缺陷和不足较多。吉林省建设和规划的农地产权运作模式，并没能清晰地对农村土地的所有、承包及经营等权利以及各项权利所蕴含的权能进行明确规定，如此一来，产权的后续交易和产权权能的实现必然受到诸多限制，甚至对交易中权利主体的权益保障也不易实现。又由于产权制度的构建层面存在不足，农村土地的所有权、承包权和经营权等权利的运行缺少机制上的有

效引导和合理配合，导致产权的运行缺乏配套机制和后续动力，农村土地和创新发展农业生产方式的目的实现就较为困难。

除了资金的支持，对农村资产价值进行评估也是确保土地流转交易顺利完成的重要环节。包括吉林省在内，以资产评估、政策法律咨询、农村产权抵押融资为代表的中介机构全国都较少，远远不能满足实践的需求和现实的要求，导致农村产权交易无法及时有效完成。例如，有些交易项目的施行，需要法律服务较大、较多，特别是咨询法律、法规或政策条款及合同签订等，但在农村产权交易市场，与之相关的中介服务覆盖面极窄。吉林省农村产权交易市场在初始阶段，各农村产权交易所一般都是多种职能与角色的扮演者，可能要承担农村产权经纪人的职责，不能提供专业化服务，不符合市场运行机制；而中介服务机构的引入需克服各种困难，农村产权交易服务投入成本高、回收期长、投资回报少，如果不能得到一定回报，必然会影响中介机构入市积极性，就会导致中介服务机构体系极难很快建立，农村产权进场交易的效率也随之大大降低，这与土地流转的市场运行机制要求相距甚远。

第五章 吉林省农村土地产权交易市场建设的技术实现方案

我国省级农村产权交易市场尚处于不断建设和发展的过程中，各省既要积极借鉴彼此的成果、经验，也要吸取各方在建设过程中已经出现过的教训，做到去粗取精。各省农村产权交易市场的建设，没有一种建设模式是通用的，但是同处于一个时代、一个国家，享有相同或相似的制度背景和技术水平，所以其未来发展应该有很多共性的特点，发展路径也有其相似之处。综合考量吉林省的政治、经济、文化及社会发展现状，本书就吉林省农村产权交易市场体系建设的技术实现方案从市场主体建设的技术实现方案、市场结构建设的技术实现方案和平台建设的技术实现方案三个方面展开论述。

第一节 市场主体建设的技术实现方案

吉林省农村产权交易市场的交易对象主要集中于农村土地承包经营权，其主体基本可分为三类：作为出让方的农民、作为受让方的农业企业和种植大户。交易主体有限，交易对象极为狭窄，交易过程非常不规范，基于此，本书首先试图从市场主体建设来讨论这一问题，提出了多元主体建设的理论构想和技术实践路径。

一、市场主体发展现状

吉林省农村产权交易市场的交易对象主要集中在农村土地承包经营权，其出让主体为农民，受让主体为农业企业和种植大户。出让方，即出让主体，通过熟人介绍或者村委会相关领导介绍与受让方，即受让主体进行博弈、妥协以致达成交易。

土地是农民生活的基本保障，多数农民通过对土地的耕作而获取收益，而这种收益也是其最主要的经济来源。随着技术的发展，尤其是土地耕作技术的快速发展和普遍使用，越来越多的农民意识到他们可以通过土地的交易流转来实现增收，如可以利用土地入股来获得分红，可以通过流转土地的使用权来获得土地的出让费等。此外，农民在实现了土地流转之后产生的剩余劳动力可以通过从事非农业劳动而获得额外的收入。因此，现在农民土地流转的意愿在不断加强。吉林省农村土地流转交易量在不断增加。交易双方主要通过熟人介绍来达成协议，在交易过程中，出让方和受让方都追求自己利益的最大化，但是由于双方信息不对称，受让方占有明显的信息优势，出让方处于相对劣势，话语权比较薄弱，致使交易结果更加倾向于受让方，而出让方在一定程度上利益受损。这一现状是不符合我国实行农村土地产权交易流转政策初衷的。基于此，本书提出了吉林省农村产权交易市场主体多元化建设的技术实现方案。

二、多元市场主体的理论构建

吉林省农村产权交易市场主体应该是多元的，除了出让方农民，受让方农业企业和种植大户外，还应该有市场组织、政府部门、第三部门、银行、金融及保险公司等主体。市场交易各环节应该按照其属性交由不同的组织或部门来完成。农村产权交易涉及的新闻信息、交易信息、政策法规、交易规则等信息的发布、组织产权交易、签约、交付及执行等多个环节应归属于市场行为，应该交由市场机制来主导；政策咨询、产权的确权登记、交易完成后的产权变更登记、纠纷处理等环节属于纯公共服务或准公共服务的范畴，应该主要由政府来提供；产权资产评估等“高投低产”类环节应鼓励第三部门的参与。最后，农村产权抵押融资、金融保险等环节应由银行、金融及保险公司来完成，各主体之间应该权责明确、信息共享、业务协同，共同为产权交易提供服务。

三、多元主体构建的技术路径

主体的多元化不是一蹴而就的，而是随着农村产权交易流转的不断发展、交易对象的不断扩展、交易过程的持续规范化而逐步实现的。现在吉林省的农村产权交易主要集中在农村土地承包经营权的交易流转，整个交易流转过程基本上只有单纯的出让方农民与受让方农业企业和种植大户三种主体，缺少政府的引导和管理，非农业企业等市场主体在缺少政策的引导、利益的诱导下很难自发自愿地参与到农村产权交易市场的建设中来，所以政府应该出台相关的政策来引导企业参与市场建设，以使其逐步承担起企业应该承担的那部分职责，使交易过程实现真正的市场化。要想第三部门参与农村产权价值评估，产权交易市场就必须加大其宣传力度，让更多的组织或部门了解产权交易的意义和价值以及农村产权交易对保障民生的作用。最后，农村产权抵押融资担保也是交易市场的重要组成部分，但是这一交易的实行必须有完善的制度保障作支撑，只有在全方位的制度保障下，才可以引导银行、金融和保险公司进入这一领域。吉林省政府要分阶段、有计划、按步骤地培育其服务供给主体。盲目地发展可能会造成不同主体之间权责不明、责任推诿。只有主体的有序培育与引入，各主体之间才有可能做到权责分明与业务协同，才能更好地为公民提供服务。

第二节　市场结构建设的技术实现方案

市场结构是指某一市场中各要素之间的内在联系及其特征，包括市场供给者之间、需求者之间、供给和需求者之间以及市场上现有的供给者、需求者与正在进入该市场的供给者、需求者之间的关系[①]。本书研究的是吉林省农村产权交易市场体系建设，所以这里的市场结构是指吉林省农村产权交易市场（以吉林省农村土地交易市场为主）的结构，包括出让方之间、受让方之间以及出让方与受让方之间的关系。

一、市场结构建设现状

对市场结构建设现状主要分三部分研究：出让方结构现状、受让方结构现状以及出让方与受让方之间的结构现状。

1. 出让方结构现状

吉林省农村产权交易市场以农村土地交易流转市场为主，土地的出让方呈现出自发松散型结构。首先，农民缺少信息沟通、信息共享的意识。有土地出让意愿的农民在产权交易之前没有实行足够的信息沟通。多数农民只是向有过产权交易行为或同样有产权交易意愿的熟人打听一下交易价格，而人们出于维护自己利益的目的，这些打听来的信息有可能是虚假的。他们有可能就会基于这些虚假的信息做出有损自己利益的交易决策。已经完成交易活动的农民，由于在交易的过程中受受让方有意地信息误导，他们会认为自己的交易价格是高于别人的，所以

① 市场结构［EB/OL］. http：//baike. so. com/doc/5567165－5782301. html.

也不愿意信息共享，即使共享了的也可能不是真实信息。其次，农民在实行土地产权交易过程中多是以个体形式进行的。农民个体在熟人介绍下与农业企业和种植大户进行谈判，他们彼此之间未能构成一个团体来共同与受让方进行博弈。个人与企业进行博弈时，个体的力量就显得尤为薄弱，很难获得话语权，即使获得话语权，其声音也很微弱，所以个体在博弈中就基本处于弱势，企业处于绝对的强势状态，博弈的结果也基本倾向于企业，农民的利益很难得到保障。

2. 受让方结构现状

现在吉林省农村产权交易市场的受让方之间竞争不是很激烈。呈现出一种分散的结构。受让方尚处于各自发展的起步阶段，各方规模都不是很大，数量也不是很多，在省内的分布比较分散。他们彼此之间没有形成激烈的竞争，各自的市场份额交叉的概率不是很大，所以没有形成价格上的有效竞争，也没有结成利益集团形成垄断。

3. 出让方与受让方之间的结构现状

现在吉林省农村土地交易市场中土地的出让方和受让方之间的中介基本为熟人，通过熟人介绍让双方取得联系，然后双方再经过博弈、妥协最后达成协议。当然，按照现在农村土地流转的程序，农地进行交易流转必须经由当地基层政府的审批，所以一些地方的基层政府也会介入到交易的协商谈判过程中，如图 5－1 所示。基层政府出于提高政绩、改善民生的目的也会积极促进交易的达成。

二、市场结构现存问题

吉林省农村产权交易市场的市场结构存在一些问题，本书主要从出让方利益受损和基层政府不公正两个方面来研究。

1. 出让方利益受损

土地是农民生活的基本保障，农地耕作也是农民的日常工作，农地收益是农

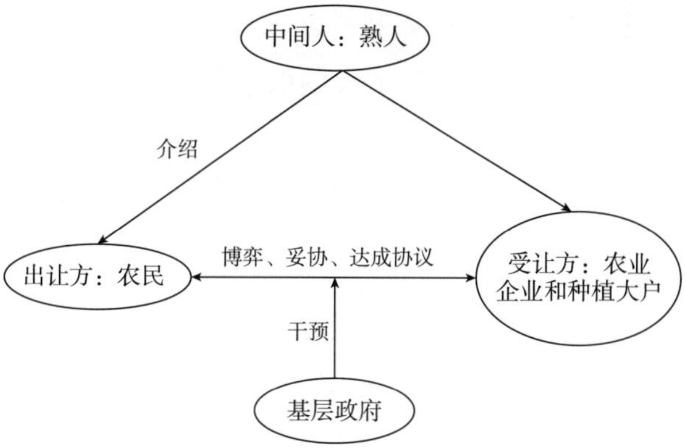

图5-1 市场出让方与受让方结构

民最主要的经济来源，所以农地的交易流转对农民来说是极为慎重的，因为交易价格将直接影响农民之后的生活水平。但是，由于农民基本是以个体形式与农业企业或种植大户进行谈判，所以农民在整个利益博弈过程中基本处于弱势，很难真正有话语权，即使有话语权，声音也非常微弱，很难影响交易价格。同时，多数农民受教育程度不高，所以相关的法律知识欠缺，获取信息的能力有限以致对土地价值的判断不是很准确，当交易价格形成时，无法及时获知自己是否利益受损，即使他们后来了解到自己利益受损，维权意识也较为淡薄，个体维权的力量也较为淡薄，所以基本无法维护自己的合法权益。

2. 基层政府不公正

农村土地的交易流转要经过当地地方政府的审批通过，所以在很多的土地交易过程中，尤其是农民与农业企业或种植大户进行利益博弈、价格协商的过程中，基层政府也会介入。有些基层政府是出于保障民生的目的，积极与农业企业或种植大户博弈以争取更高的交易价格，维护农民的合法权益。但是，也有些基层政府把促成农村土地交易作为加快地区经济增长、提高财政收入来体现其任期内业绩的手段，所以在产权价格博弈过程中无视甚至是轻视农民的利益，导致农民利益受损。更有甚者，一些基层政府把农村产权交易市场当作是其寻租、收租的宝地，凭借其手中掌握的权力，控制和引导土地的流行，搞强制性交易，严重违反了党和国家的政策法规，损害了农民的根本利益。

三、结构改良的技术实现方案

针对现存的市场结构性问题，本书提出了市场结构改良的技术实现方案，方案主要从出让方和基层政府两个方面来考虑。

1. 出让方

首先，作为土地出让方的农民应该要有信息沟通和信息共享的意识。无论是已经交易完成的农民还是有交易意愿尚未交易的农民都应该实现彼此之间的信息沟通与共享，农民只有收集到足够多真实有效的信息，才能对土地现有价格和未来价值有一个明确的认识，才能做出准确理性的决策，才能在土地产权交易过程中维护自己的合法权益。

其次，相关政府部门有义务为广大农民普及相关的政策、法律，让农民真正明白实行土地产权流转的价值所在，了解如何维护自己的权益，掌握当利益受损时如何寻求救助，让农民可以放心地出租自己的土地，可以安心地享受农村产权交易政策带来的红利。

最后，农民应该寻求更正式的途径来流转自己的土地。通过熟人介绍进行土地流转自然方便快捷，但是隐患也是难以避免的，所以农民应该寻求更正式的渠道，如政府的信息化产权交易平台。这一平台由政府支持建设，受政府的监督管理，而且整个交易过程的信息也是公开透明的，农民可以便捷地获取相关信息以维护自己的合法权益。同时，农民在产权交易的过程中应该结成团体，以团体的形式与受让企业谈判，增加自己利益博弈的分量，扭转弱势地位以更好地掌握话语权、主动权，使自己的利益得到更好的保护。

2. 基层政府

在农村产权交易的过程中，基层政府要摆正自己的立场，要以保障民生、维护民利为出发点。我国政府之所以出台一系列政策推动农村产权交易市场体系的建设，其政策目的是使农民增收，使土地增产。所以基层政府在推动农村产权交易流转的过程中也要摆正立场，要以维护农民的合法利益为出发点，帮助农民以平等的身份与受让方进行谈判，达成公平、公正、合理的交易价格。同时，基层政府要依法公开相关的政府信息，要使自己的行为透明化，要接受农民的广泛监督。

同时，吉林省政府及相关部门要加强对基层政府在农村产权交易过程中行为的监督，以保障基层政府严格按照法律流程来办理相关业务，一旦发现违法行为要依法查处。

第三节　平台建设的技术实现方案

随着信息技术的发展，社会中各个领域都在逐渐实行电子化、信息化、网络化，农村产权交易市场也不例外。近年来，我国各省、市很多农村产权交易市场建立了自己的信息化网络平台，市场各主体通过这一平台可以及时准确地获得信息、方便快捷地享受服务、切实有效地保障权益。但是，我们在互联网上未能找到吉林省省级的农村产权交易市场信息化平台，仅找到了长春市的农村产权交易市场的信息化平台——长春农村产权交易中心。基于对长春市农村产权交易中心以及我国其他省份省级农村产权交易市场的信息化平台建设现状的研究，结合吉林省农村产权交易市场发展现状，我们提出了吉林省农村产权交易市场信息化平台未来建设的一个理想框架，并就其技术实践路径展开了分析。

一、长春农村产权交易市场信息化平台发展现状

从长春农村产权交易市场的信息化平台的信息我们了解到，长春农村产权交

易市场即长春农村产权交易中心是2014年12月注册成立的，是经长春市人民政府批准设立的非营利性公司制企业。公司立足长春、面向全省、辐射东北、服务全国。以“诚信、专业、高效、公平”的原则，为农村物权主体打造专业的第三方服务平台。推动本市所辖县（市）、区，乃至全省城乡存量物权资产的流动与重组，促进资产要素的优化配置。重点支持农村集体产权依法转让、出租、入股、抵押或以其他方式流转交易，鼓励农民个人产权进场流转交易。公司是集办理农村各类产权登记托管、信息发布、政策咨询、物权交易、土地流转、融资服务为一体的综合性市场平台。平台设置的市场功能主要有四项：其一，物权登记挂牌职能。公司建立统一的物权登记挂牌系统，将物权信息按照农村资产、动产、不动产及无形资产进行分类，实现平台统一、信息互联，为融资主体提供高效、廉价的物权登记挂牌交易及信息查询服务。同时，使聚集的各市（区）、县资金需求主体物权信息资源共享。其二，物权托管功能。公司作为具有社会公信力独立市场主体，受客户委托，以融资为目的，依法开展物权登记托管业务，如按照客户需求，保管与物权有关的重大合同及有关凭证、为客户出具物权证明等提供相应增值服务。其三，物权融资服务职能。公司作为物权融资中介平台，为企业提供融资信息咨询、融资规模设计、促成银企对接等融资中介服务，并针对企业的物权资产状况和资金需求，为企业量身定制物权融资产品。其四，物权交易中介职能。公司作为物权交易平台，通过开展物权评估定价、挂牌流转、变更过户等业务，依法为个人和企业间的物权流转交易创造条件，促进物权交易市场的通畅和繁荣。

纵观长春农村产权交易中心的信息化平台，我们发现该平台功能主要集中在信息共享上，包括“需求信息”“供应信息”“政策法规”“交易规则”“新闻中心”“业务平台”“交易项目”“项目推介”“项目公告”“经典案例”“会员服务”等功能模块，而需求信息和供给信息大多数是关于农村土地的，包括土地承包经营权、宅基地等。需求信息包括项目名称，权属类别，流转方式，流转面积，流转期限，标的区位，意向价格，标的用途，权属证明，详细说明，公司（或个人）名称、详细地址、联系人、联系电话、电子邮件、传真等内容。供应信息也基本包括项目名称，权属类别，流转方式，流转面积，流转期限，标的区位，意向价格，标的用途，权属证明，详细说明，公司（或个人）名称、详细地址、联系人、联系电话、电子邮件、传真等内容。平台上显示了 2016 年和 2017 年的供求信息，信息量极少，尤其是 2017 年的信息量更少，需求信息只有两条。“政策法规”和“交易规则”主要发布各级政府及部门颁布的关于农村产权交易的政策、法规、规则。“新闻中心”栏目主要发布长春农村产权交易中心及业界的一些新闻动态。“交易项目”和“项目推荐”栏目类似于“供应信息”和“需求信息”栏目，主要是发布一些供应和需求信息。而像“业务平台”“经典案例”和“会员服务”等功能模块，虽然设置了栏目，但是栏目里基本没有什么内容。

除了上述信息共享类功能外，平台还针对有产权交易意愿的人提供了需求意向和供应意向在线提交功能，有产权交易意愿的公民可以直接通过电脑等网络终端发布自己的需求信息或供应信息。

二、其他省份省级农村产权交易市场信息化平台建设现状

随着中央关于农村产权交易流转政策的不断出台，各省、市、县也相继出台了很多适应地方发展的政策制度，在这些政策制度的推动下，不断有省级、市级及县级农村产权交易市场建立，这些交易市场都不同程度地推动了当地农村产权交易流转。省级交易市场是各省农村产权交易流转的未来发展方向，因为农村产权交易流转不可能局限在县域内或市域内，至少应该在省域内，甚至未来可能在全国范围内实现流转，省级交易市场不仅可以为交易双方提供信息等服务，还可以实现省、市、县各级市场联网一体化运作，实现省级信息的整合与共享，为省级政府乃至中央政府相关政策的制定提供决策支持。

各省农村产权交易市场建设情况不同，一些省份已经设立了省级农村产权交易所，为省内农村产权交易提供了一个广阔的平台，而且一些发展较好的省级农村产权交易所还建设了信息化平台，实现了交易的电子化与网络化。本书为了获

取数据的真实性和时效性，主要介绍农村产权交易市场的信息化平台建设较好的河北省农村产权交易网（河北省农村产权交易所）、江苏省农村产权交易信息服务平台（江苏省农工办、江苏省综改办、江苏省农委）和安徽省农村综合产权交易网（安徽省农村综合产权交易所）。

这些省级农村产权交易市场的平台职能大致可以分为三大类：信息公开类、互动交流类和在线办事类，如表 5 - 1 所示。目前，平台职能主要集中在信息发布阶段，包括各种新闻、交易公告、成交公告、政策法规、交易规则、交易分析、抵押融资以及交易所介绍等信息发布。一些平台开设了互动交流类栏目，公民可以直接在线就自己感兴趣的问题进行提问，但是我们发现该类栏目职能没有真正发挥好，有些平台该栏目下没有任何问题，有些平台该栏目下有问题，但是问题数量非常少。最后，一些平台还设置了在线办事类职能，有农村产权转出或转入意愿的公民可以在线直接提交转出或转入信息，当然，公民无法在线提交农村产权转出或转入交易所需要的所有材料，只能提交部分材料，但是这无疑也是省级农村产权交易市场发展的一大进步。

表 5 - 1　省级农村产权交易市场平台职能

职能＼平台		河北省农村产权交易网	江苏省农村产权交易信息服务平台	安徽省农村综合产权交易网
信息公开类	新闻中心	√	√	√（行业动态）
	项目公告	√	√（交易公告）	√（项目频道）
	政策法规	√	√	√
	交易规则	√	√（交易监管）	√（交易流程）
	交易所介绍	√（关于我们）	√（联系我们）	√
	交易分析		√	
	抵押融资		√	
互动交流类	服务中心	√	√（互动交流）	
在线办事类	在线办事	√（我有土地/我要找地）		√（意向申报）

三、吉林省理想平台构建：一体化平台

截至2017年，吉林省还没有建立自己的省级农村产权交易市场平台，但是长春市、公主岭市、九台市及德惠市已经建立市级农村产权交易市场，长春市农村产权交易中心甚至已经建好了自己的信息化平台，实现了线上线下的一体化服务。所以，吉林省现在继续建立省级的农村产权交易市场体系，除了建立实体的市场体系之外，还需建立与实体市场相对应的虚拟市场，也就是建立省级的农村产权交易市场的信息化平台，以适应现代技术的进步与科学的发展。吉林省省级农村产权交易市场应该按照省内农村产权交易实践现状，主要建设农村土地产权交易市场体系，在此基础上按照实际需求拓展农村其他的产权交易市场，随着吉林省农村土地产权交易市场的建设，相关部门应该及时建设网上的农村土地产权交易平台，以更好地为公民提供服务。而省级的农村（土地）产权交易市场的信息化平台应该综合长春市农村产权交易市场的信息化平台、河北省农村产权交易网、江苏省农村产权交易信息服务平台和安徽省农村综合产权交易网的优点，具备信息公开类、互动交流类和在线办事类职能，实现信息化平台功能的一体化。

随着农村产权交易流转的不断发展，交易的数量会快速提升，交易种类会不断扩展，仅仅依靠省级市场来完成这些交易是不现实的，势必要发展市级、县级市场。且我国现在农村产权交易发展较快的省份已经在建设市级、县级农村产权交易市场，个别市级、县级市场甚至已开设了信息化平台。吉林省省级农村产权交易市场应该在建设自身信息化平台的同时也为未来市级、县级信息化平台建设制定标准和规范，以便未来与市级、县级信息化平台实现联网运行。只有省级、市级和县级的信息化平台实现了标准化、统一化，最后才有可能实现平台的一体化，而只有平台实现一体化，各平台之间才可能实现信息共享。在未来的大数据时代，各平台之间只有实现信息共享，政府才有可能及时、准确地了解农村产权交易市场的交易情况，才可以据此做出科学合理的决策，才可能制定出更有利于

民生的政策规章制度，才能更好地引导农村产权交易市场规范、有序地运行。只有实现信息化平台的一体化，实现信息共享，各级农村产权交易市场之间才有可能实现跨组织合作与业务协同，才能更好地保障民生，服务“三农”。最后，只有实行一体化平台，公民才可以获得最真实、准确的产权价值，才能实现更优质的产权交易流转。

四、理想平台构建的技术实现方案

吉林省省级农村产权交易市场的建设需要政府鼓励和引导，现有的出让方和受让方很难自发地建设农村产权交易市场，所以政府需要出台相关的政策、提供必要的资源来推动和引导省级农村产权交易市场的建设，号召出让方和受让方积极通过正式的市场渠道进行产权交易。同时，吉林省省级农村产权市场的建设仅靠政府的努力是远远不够的，还应该有市场组织、第三部门、银行、金融及保险公司等主体的参与。市场交易各环节应该按照其属性交由不同的组织或部门来完成。农村产权交易涉及的新闻信息、交易信息、政策法规、交易规则等信息的发布、组织产权交易、签约、交付及执行等多个环节应归属于市场行为，应该交由市场机制来主导。而政策咨询、产权确权登记、交易完成后的产权变更登记、纠纷处理等环节属于纯公共服务或准公共服务的范畴，应该主要由政府来提供。产权资产评估等“高投低产”类环节应鼓励第三部门的参与。最后，农村产权抵押融资、金融保险等环节应由银行、金融及保险公司来完成，这些主体也不会自愿地参与到农村产权交易市场的建设中，他们需要政府的政策支持和引导。吉林省省级农村产权交易市场信息化平台的建设更有助于这些群体了解产权交易的价值、意义、内容和流转，以使他们更好地参与其中。这些主体可以通过信息化平台共同为公民提供服务，他们不再需要地理意义上聚集在一起，只要虚拟化集中在一起就可以实现功能的一体化。

要想实现吉林省内各级农村产权交易市场的信息化平台的一体化，就必须保证各级平台或同级各部门平台之间软硬件设备的标准化和规范化，只有省级农村产权交易市场在建设自身平台的同时制定统一的软硬件标准，其下属的市级、县级平台才有可能实现彼此之间及与省级平台之间的一致性，未来才能在市级、县级平台建设完成之后实现彼此之间互联互通的联网运行。为此，吉林省省级农村产权交易市场信息化平台建设就应该走在市级、县级平台建设的前面以引导和规范后者的建设。所以，吉林省要加快省级农村产权交易市场建设的步伐，要及时制定省内信息化平台的软硬件设备标准。针对市级、县级信息化平台建设已经走在省级信息化平台建设前面的情况，吉林省省级农村产权交易市场在设置其软硬件标准时也要考虑已经建好的市级、县级平台，尽量保证彼此之间的兼容性，避免重复建设。随着市级、县级平台的建设，省级平台可以逐步实现与之联网，以更好地实现信息共享和业务协同，而在各级平台实现了一体化之后，吉林省省级农村产权交易市场还可以据此建立省级的农村产权交易信息库、产权登记信息库，为国家政策的制定提供依据。

第六章

吉林省农村土地产权交易市场建设政策建议

由私下转为公开，由不规范转为规范的农村产权交易，是农村产权改革发展的需要，也是能否妥善解决“三农”问题的关键。建立健全农村产权交易市场，有利于加快农业生产要素之间流转，实现资源优化配置。吉林省各级农村产权交易中心应从信息系统、操作流程、中介服务及监管保障制度等方面不断完善，继续探索相关试点改革试验工作，逐步建立省级规范交易市场，更有利于建立公开、公平、公正的交易平台。建立省级规范化四级联动平台，能有效对各类产权资源、各地区交易中心、各职能机构进行整合，既能有效避免职能部门重复设置、各自为战，又能统一管理、节约经营成本。但农村产权交易在不同经济发展水平地区产生的成效不同，因此农村产权交易市场建设推进应与经济发展水平相适应，不能盲目跟风。吉林省农村产权四级交易市场体系的建立，应在借鉴其他省份（如四川省成都市、湖北省武汉市、重庆市等）成功改革经验的基础上，总结吉林省前期农村产权交易所、乡镇农村产权交易中心的经验和教训，从实际出发，逐级建立与完善，切不可操之过急，逐步完善吉林省农村产权市场建设，形成各部分相互关联、相互依赖的有机体系。

第一节　明确产权归属

明晰的产权是保证交易有序进行的前提，否则交易难以开展。根据国内外已经证实的经验可知，农民能够拥有确权的土地证书有利于增强农民的财产信心，有利于增加信息的透明度，增加未来的可预见性，同时有利于刺激、推动投资和土地市场的发展。集体所有权的土地证书和登记带来的益处得到了我国法律的承认。根据1988年颁布的《土地管理法》，要求县级及以上政府通过颁发土地所有权证书的方式对集体土地所有者进行登记确认。该法进一步说明一旦法律予以登记，这种所有权就能得到法律保护，使其免受任何单位或者个人的侵犯。科斯认为，在存在交易费用的前提下，清晰地界定产权能够保证市场机制最优地发挥资源配置作用。在市场经济下，没有将交易客体进行明晰确权，交易主体无法将其盘活并在市场上流转起来，实现资源配置。布坎南认为，只要明晰地界定产权，权利转让，无论初始的权利配置如何，在后续的过程中，都可以保证资源得到优化配置。基于中央和省级政府的统一部署，我国农村土地确权工作于2015年在吉林省全面推开，并于2017年全国范围内基本完成。要求妥善地解决农户承包地面积不准、空间位置不明确、账实不符、账簿登记不清晰、记账系统不健全等问题；建立健全土地承包合同权利、土地承包权登记制度、登记记载的权利；同时建立健全承包权信息平台并大力扩大成果的应用范围；坚持分级管理的办法和制度，不断强化县级和乡级的两级责任，坚持健全党委和政府统一管理领导、部门间密切协作、鼓励群众广泛参与确权的工作机制；土地承包权的登记确权，颁发证书的工作经费直接纳入各级地方财政预算，不足部分由省财政给予补助。

一、保证集体所有权不变，进一步确定集体所有权归属

关于我国农地所有权的问题，不同专家持有不同的见解，然而可以达成共识的是，国家有权对集体土地进行征收、征用，处理集体土地间发生的纠纷，也就意味着国家可以根据实际情况的需要和变动对集体土地行使某些权能，这些以集体所有为名义的土地，本质上说仍然属于国家所有。基于此，有些学者们提出农村土地根本是国家拥有所有权，但是集体拥有行使部分所有权，集体中的农民享有土地的使用权。

然而，我国现行农村土地产权制度还不够完善，我国农村土地流转能够发展到如今现状，仍然缺乏科学的设计和界定土地产权制度，这就难以保证实现农村土地流转合理、有效地运行。最明显的问题就是集体土地主体不清，具体表现如下：第一，集体所有权的不明确性，这里的集体具体是指哪一级别的集体，没能进行明确的划分。尽管我国关于土地法律中规定农村土地归集体所有，但在实践的具体操作和执行中仍会遇到很多问题。例如，这里集体到底是指乡、村、镇中哪一级别的“集体”所有，这一主体不明确，并且关于集体所有权主体的界定在不同法律中的规定也不一致。第二，农民的农村土地所有权不清晰，现行的农村土地制度是农村土地集体所有制，这里能够清晰、明确地规定我国的土地所有权，人人都有份额，共同占用。然而实际情况中还存在不清晰的地方，没有明确规定每个人到底拥有多少份额的土地所有权，没能进行量化。土地对于农民来说只是间接的、名义的拥有形式，作为土地所有者的农民对于土地的感情是很淡漠的，农民并非土地的真正主人。第三，如何界定集体成员的边界仍存在不合理的地方。第四，目前农村土地所有权缺乏相应的法律形式加以证明和保证——如土地所有权证书的形式。

正是因为土地集体所有的不明确性以及具体每一个农民也存在不确定的实际，农民作为土地流转的主体会遇到搞不清楚该向谁流转，如何流转，特别是涉及收益分配权益时该如何进行保障的问题，这往往在很大程度上会削弱农民参与

土地流转的意愿和主观能动性，也不易于土地流转向更高阶段推进。因而科学界定农村土地产权对于促进我国农村土地流转、促进农村经济发展、提高农民收入起到至关重要的作用。

基于我国目前的国情和特殊阶段，想实现确权工作，需通过坚持农村土地的社会主义集体所有制不动摇这一基础和前提。原因如下：①虽然当前我国80%的农村土地都集中在村民小组手里，仍存在实力薄弱、生产单一、规模过小、生产管理水平低下、经营不善等现实问题。村民小组作为农村土地所有权的主体代表，明显不利于促进我国农村土地流转健康、有序、规范的发展。②目前我国各类集体经济组织中存在多种形式，既有农民自由组合的非稳定型，又存在农村政权参与管辖形成的比较稳定型；既有跨越社区范围集体经济组织，又存在分属不同层级中村、乡镇、村民小组集体经济组织。所以，很难通过追求利润最大化作为目标来衡量农民的整体利益和长远利益，显然不适合将农村集体经济组织代表集体土地所有权的主体。

二、解决农户纠纷，确定农户承包权长期不变

农户作为社会的阶层之一，其与其他阶层最主要的区别是农民依靠土地，以土地为生，通过土地维持自己的生存，土地成为广大农民的依托。无论中外、古今都是如此。因而，土地制度是关系农民阶层非常重要的制度。我国农业发展到目前阶段，已经达到社会主义的农业经济形态阶段了，是属于社会主义市场经济下的新型农业。并且，基于我国农业发展的现实情况来看，农户拥有土地承包经营权、能够自由转让土地权：不仅能提高农村土地的利用效能，而且能实现农村土地的有效价值；不仅有利于土地资源的优化配置，而且能够达到规模化的经营目标。但是农户土地流转的过程中往往由于土地权利的模糊和不确定以及我国的土地经营承包权制度不完善，农户之间会产生冲突，发生纠纷，进而损害农民的利益。

因此，在坚持土地承包权长期不变这一原则上，通过土地承包权流转方式、

土地流转程序、流转登记制度等方面的完善，从根本上解决农户的纠纷，保护农民的根本利益。

第一，我国目前法定的土地流转方式包括出租、转包、转让、互换或者其他的方式，但是法律没有明确规定其他方式具体是指哪种方式。随着我国土地市场化进程加快，逐渐出现和发展了新的流转方式，如反租倒包、质押、代耕等。这些新兴的流转方式广泛地应用于实践中，但一些法律存在滞后性，对于新兴的土地流转方式还缺乏法律保障，应当不断完善相关法律，以法律的形式巩固我国土地流转形式。

第二，完善我国土地承包经营权流转程序。完善流转程序可以减少目前土地流转存在的混乱状况，可以避免盲目地签订合同，进而可以大大减少农村土地流转过程中发生的纠纷，促进农村土地流转合法规范、有序地进行，因此完善土地流转程序是亟须解决的问题。流转之前需要了解当事人的态度，在态度方面，他们是否积极主动，以自愿流转作为前提，并非由其他的组织或者个人决定。在形式上，规定土地流转所签订的合同必须是书面形式的。从合同内容方面，要求所签订的合同是完整、详细、规范、具体的。

第三，完善产权的登记制度。随着当前土地大范围、多数量、高频率地在不同权属人之间发生变化，促进在流转过程中能够安全有序地进行，必须具有相应健全的法律制度跟进。土地承包权属于物权的范围，推进产权登记制度完全可以保障和保证其有序、顺利地开展。具体包括：①维护和保障土地经营权的权属稳定地进行流转、在不同权属之间进行稳定的变化。②提高土地流转的效率，减少流转过程中不必要的成本。③强调权利的归属，合理有效地发挥土地经营权经济效能，促进农业经济向规模化阶段发展，促进城乡一体化的发展步伐，最大限度地保障合同主体权利。

三、积极发展农村集体经济，发挥农村土地集体经营权的作用

随着乡村战略计划不断推进，农村集体经济在社会主义经济的地位越来越凸

显，是农业组织化发展程度的载体，是不断坚持和完善目前统分结合方式下双层经营体制制度的基础，大力发挥我国农村土地承包经营权的作用，不断发展壮大农村集体经济，需要在农村改革和发展的过程中不断解放思想，打破旧有思维桎梏，通过开放共享、产业融合等，创新探索发挥集体经济效益的多种实现方式，更要密切关注和积极探索发展村级集体经济的途径。较为适应我国现状的方式主要是农村合作社方式，其本质仍然是基于我国土地集体所有权和土地承包经营权这一制度下进行的。

中国学者徐旭初对农村合作社的性质进行了分析，他的观点认为我国农村合作社属于企业、社团或者是特殊组织，其根本性质取决于如何为解决“三农”问题提供更好的服务，其中最根本的因素是我国农村、农民和农业现代化发展进程的推进程度及其效率。随着我们对“三农”问题的日益重视，我国新型农业合作社对农村发展的介入程度必将不断深化，同时，为了更好地为“三农”提供服务，规范合作社的行为规范，我国也制定出了《中华人民共和国农民专业合作社法》，这部法律对我国农村合作社的法律内涵进行了定义，将农村家庭承包经营制度作为农民专业合作社的基础制度，将农村合作社界定为一种自主管理的互助性经济组织，其形成过程是由同类产品参与者自愿联合建立的，是符合社会主义市场经济要求、运行效率更高的制度安排。

当前我国农村合作社发展较快较好，有很多成功经验，其中较为典型的是“塘约经验”，很多学者深刻地分析其成功经验：一是狠抓和促进农村产权制度的改革，这是农村土地制度的一项基础性的改革。围绕“土地”问题开展，进行土地确权，聚集分散化的资源，不断地清晰化模糊的产权、壮大集体经济、促进集体资产走向市场化，增加农民收入。二是狠抓和促进土地经营改革，这是农村土地制度的关键性改革，围绕“钱”的问题进行开展，尝试联营合股的合作方式、完善和丰富双层经营制度中“统”的功能，推进农民由当前“分”的阶段向更高层级的“合”不断转化，增加农民持续稳定的收益。通过股份合作制大力发展了集体经济，除此之外，还有比较成功的“成都经验”，比较完善的成都市农村股份合作制运行机制，提高了集体经济。然而对比国内外经验，我国很多省份的农村合作社依然薄弱，吉林省又是我国传统的农业大省，规范建立并不断推广农村合作社的发展模式有助于加快发展农村市场，有助于大力提升吉林省农村市场经济的发展水平，有助于增加农民的收入。然而通过对吉林省公主岭市桑树镇的农村合作社发展状况的分析发现，其仍处于不成熟的阶段，仍然存在制约因素。因此需要从不同层面提出政策建议，积极促进吉林省的农业经济发展，大力提高农村经济水平，不断增加农民收入水平。

第一，创造有利于农村合作社发展的外部环境，吉林省农村合作社目前发展不成熟，力量薄弱，需要我国各级政府及社会的大力支持。尤其是在政策、制度、资金方面需要特殊的关注。给予吉林省合作社资金和政策方面的支持，是推进吉林省农村合作社快速发展的最主要动力。建立持续不断的资金支持系统，是保障农村合作社稳定运营的重要一环。吉林省各级政府重点关注农村合作社的建立和发展，并将实现农村现代化作为财政支出重要方面和重要关注点，建立并完善专项资金体系以确保农村合作社健康、稳定地发展。

第二，建立健全吉林省农村合作社运行机制。吉林省农村合作社起步较晚，处于合作社的初级阶段，规模较小，正在不断地摸索发展。农民对于合作发展经济的合作文化缺乏意识，因此需要积极推广农村合作社经济，积极鼓励和引导广大农民群众参与到合作社的经济模式中。在合作社发展过程中应该始终坚持农村合作社的基本原则，保障合作社社员的切身利益，这是合作社建立和发展的前提。

第三，大力培养农村合作社的行动主体。农村合作社持续不断地发展，保持其旺盛的生命力，必须要维护农民社员的切实利益，并将这一利益放在首位。农村合作社的有序、稳定以及后续的可持续发展离不开有效的管理，结合实际情况，积极创新探索新型的、适应当前情况的管理方式。需要培养一批带动农村合作社发展的行动主体，包括带头人、农业技术人员以和农村经济管理人员。尤其是需要专门培训农村合作社的行业带头人，不断规范现有经济业务，积极发掘合作社中的优势项目，并在此基础上积极扩大合作社业务，扩大合作社的经营规模，提高合作社的收益。通过发展良好的势态增加农民的信心，不断地感受到合作的优势，使农民更加融入合作社，进而加深合作社和社员的关系，有利于合作社长远、健康地发展。

第二节　加强资金保障

各级政府通过制定政策加强资金的扶持，加强对农村合作社、家庭农场、专业大户、龙头企业等新型经营组织主体的资金投入。通过资金奖励或者补贴息的方式促进和激活农村土地各要素的流转，增强农村合作社等新型经营主体的自主创新能力、增强家庭农场、专业大户等农业企业的规模和扩大再生产能力，并促进家庭承包经营逐渐向规模化集约经营转变。此外，各级市（州）、各县及长白山开发区根据国家的要求，综合分析农村劳动力的转移情况、自然经济条件、农业机械化水平等因素，确定本地区的土地规模经营的标准，给予重点扶持。在实施的过程中要防止违背农民意愿、防止脱离实际、防止片面地追求大规模经营。

一、政府应加大资金投入

土地政策作为稳定发展农村的政策一直都得到党中央高度重视，实行家庭联产承包制度后，农村经济得到了大力发展。随着时间推移和招商引资高位推进，土地流转促进土地集中，再次凸显出农民、土地客商的矛盾，实现农民既有地种又可以把过多土地流转出去增加收入的目标，当地党委政府应参与其中，寻找平衡点。同时，政府应加强对相关资金的投入。通过对达到一定条件的土地流转项目进行财政补贴，不断提高和规范农村土地流转的市场规模，进而积极促进农业向规模化模式发展、向现代化模式发展。然而，对于过度扩大经营规模倾向的财政补贴必须进行纠正。总之，政府必须合理运用限价和补贴等手段、充分考虑并利用农村土地使用权的市场差异。

1. 政府应积极发挥财政补贴的示范引导作用

各地政府可以借鉴国外一些国家对经营主体实施财政补贴的做法，对经营主体大力支持，逐步加大财政补贴比重。

（1）直接财政补贴政策。直接的财政补贴政策如下：

其一，补贴条件，对于达到一定标准的流转规模、符合一定条件的流转期限和满足一定租金水平的项目，可以依据土地流转面积情况进行财政补贴。其二，补贴金额，每亩补贴额度从几十元到上千元。其三，补贴方式，分为一次性补贴和经常性补贴。其四，补贴对象，补贴对象比较全面，进行多方的补贴。包括土地转出方、土地转入方以及村集体等中介服务组织。

（2）间接财政补贴。间接的财政补贴政策则主要有以下几种方式：其一，配套基础设施政策，经营方可以在经营期间，对于一定规模园区，可以建设水利、道路、电力等基础设施，国家给予一定的资金补助。其二，支持金融投资政策，对土地流转到达一定规模的项目给予金融支持。其三，税收补贴政策，对满足条件的流转项目给予税收补贴。同时，在实施政策过程中强调补贴的公平性，不因单位或者企业性质的差异而存在不平等对待情况。积极带动农业规模经营，从需求方面积极有效促进土地流转，并提出简化补贴手续的原则，增强补贴的开放和透明度。除此之外，政府还要建立相应的监督反馈平台，追踪补贴政策的实施情况，对补贴效果进行动态评估，并不断调整该政策。

2. 建立与土地流转市场相适应的直接补贴和综合补贴的策略

给予粮食直接补贴、对农资进行综合补贴，在此基础上，对于达到规模经营的土地转入者给予二次财政补贴。大力提高土地转入者生产的积极性，促进农业规模化生产经营。并因地制宜调整和出台多种政策，实事求是地根据农民需要和土地流转实际情况，对于农业生产基础设施进行补贴。

此外，政府还应依法依规将农村土地承包经营和流转管理纠纷调解仲裁的工作经费列入同级政府财政预算，为履行职能职责做好保障，为进一步规范、监管、服务农村承包土地及流转土地创造宽松环境。在财政支农政策的基础上，政府还应加强对新型经营主体的资金扶持。即综合运用税收、补助、参股、贴息、担保等手段，激活农村土地流转的各要素。例如，加大对生产生物有机肥料企业的补贴力度，充分利用各种养殖废料，加大有机肥料的研发和推广。政府积极发挥财政投资的引导功能，引导民间资本通过直接参与、特许经营、BOT 等方式参与到基础设施建设中来。

3. 建立农村土地承包经营权流转有形市场

政府加大资金投入的同时，还应该投资建立农村土地承包经营权流转有形市场，通过建立流转信息收集、整理和发布体系，健全管理机制，规范市场交易秩序，从而为农村土地流转供求双方搭建交易平台。

二、积极引进社会资金投入农业生产经营

龙头企业通过向农户提供产前、产中、产后的相关服务，不仅能显著降低农产品在销售过程中的市场风险，还有助于优化农村家庭种植的结构，增加农民的家庭收入。促进龙头企业的发展，引进社会资金的投入，有利于农业的生产经营。因此，应积极鼓励农业龙头企业保证原料供应的数量和质量的稳定，从当地农村实际情况出发，整合农村承包土地，实现土地流转和规模化经营。为吸引龙头企业投资农业，可采取如下政策措施：

第一，要通过政策支持，降低龙头企业积极扶贫的成本，如实施加大对企业税优惠力度的政策，并提供技术上的支持以及完善公共服务，提供培训和教育机会。

第二，政府采取财政补贴方式等具有鼓励性的措施，引导龙头企业帮助农民，让利于民。

第三，应大大提高龙头企业利用扶贫资金效率，提高龙头企业的思想意识，积极主动地投资农业发展，实现龙头企业自身利益最大化的同时，提高整个社会

的经济效益，实现互利共赢的经济发展势头。

第四，应该推进企业与农户建立合理、稳定的利益联结机制。一方面，对于企业，需要稳定的原材料供应；另一方面，对于农户，需要稳定的产品销路。这种模式便是企业与农户之间建立利益联结机制的客观基础。在企业与用户自愿的前提下，积极探索公平合理的利益联结方式。通过企业与农户联结机智的建立，便会形成由原来松散型买卖为主的联结方式转换为紧密型产权式的联结方式。农户由原来通过出售原材料获得一次性收益转换为与龙头企业合作共享收益利润的方式，使龙头企业与农户成为真正利益共同体。鼓励一些具有条件的龙头企业确定最低收购保护价，这样可以将部分加工和销售环节的利润返回给农民。

三、促进金融机构对农业生产经营的投入

土地流转制度的推行离不开政策性农业保险的保驾护航，更离不开商业性金融的大力推动。具体措施如下：

第一，完善金融机构贷款抵押担保机制，涉及农村土地以及农产品抵押具体实施办法应该尽早出台。

第二，提升农业经济的发展地位，积极引导和鼓励我国国有或者股份制金融银行积极出台相关的金融项目，针对性地扶持农业的发展。深度发掘银行金融支持作用，并增加开办一些村镇银行及小额贷款公司作为农村金融体系的补充。

第三，大力发展农业保险业务，鼓励各级财产保险机构积极参与相关的保险业务。

第四，商业性金融应重点支持体现地方特色和优势农业产业的发展，加大信贷投放力度，促进从事农业经营的企业的发展。充分发挥国家开发银行和中国农业发展银行的政策性金融作用，引导资金更多地投入到农村最需要的地方。商业性金融还应开发担保样式更多样、贷款期限更灵活、贷款额度更多选择的金融产品，以满足各类农业生产经营者的金融需求。

第五，通过采取差别化法定存款准备金政策、支农再贷款政策、税收优惠政

策、进一步完善农村金融信用担保体系和农村金融风险补偿机制等措施，鼓励和引导商业性金融机构更好地提供金融服务。

第三节　加强人员培训

培训的本质就是一个系统的学习过程，并且具有计划性、组织性和持续性。接受培训人员的知识、技能、态度等在一定的时间内能够得到较大的改善，因而可以发挥更大的潜能提高工作效率和质量，培训的终极目标便是实现个人与组织共同发展的双赢。为加快农村土地流转，积极吸引龙头企业投资农业，经营农地，搞绿色农业或生态农业等新型农业企业，提高相关人员的专业素养、加强相关人员的培训变得尤为重要。

一、加强政府人员的培训

长久以来，农民都是依靠土地生活，土地既是农业发展的最基本要素，又是农民生活的基本保障。这无疑对土地的分块经营、分户经营，农民土地保障权的挑战，因此土地流转常常很难得到他们的认同。必须通过政府进行组织、宣传、积极引导，改变农民固守僵化思想、不断转变传统农业发展理念。使其认识到土地流转不仅是国家优化土地资源、实现经济增长，更是解放农村劳动力、发展现代农业、提高农民收入。

针对土地流转服务机制不健全问题，政府应采取以下措施：一是进一步规范土地流转规模经营，建立土地流转价格指导机制。提高政府人员工作能力，综合考虑当地经济发展水平、当地土地产出因素，科学合理地制定土地流转的指导价格，并在签订的流转合同中规定流转价格。二是开展培训学习，提高政府相关人员的协调能力，调节农村土地流转过程中出现的各种纠纷。三是加强政府人员相关信息的管理能力，对土地流转信息进行备案审查。严格规定土地承包经营业主的资信水平、履约能力，强化监督管理经营业主的生产经营能力、项目风险收益管理能力。并对整个经营项目实施备案审查。四是建立土地流转的准入和退出机制。对退出的流转土地，建立再流转机制，保障所退出的土地及时、有效地实现再流转。

农业企业准入制度和风险机制尚不健全，针对相关职能管理部门管理、指导、服务不到位，信息上报不及时，有关软件资料管理不规范等问题，应加强政府部门相关人员对土地流转相关程序的培训，引起政府对土地流转流程及管理工作的重视度，要求工作负责人熟练掌握相关软件的操作方法，优化政府相关工作人员的服务；要求政府相关负责人员及时提供发布交易信息、受理交易咨询和申请、协助产权查询、组织交易、出具产权流转交易鉴证书，协助办理产权变更登记和资金结算手续等基本服务；加强农村产权交易法律法规、政策制度、实务操作流程、网络平台管理等各环节的业务培训，逐步提高政府相关工作人员的专业化水平，建好流转平台，做好指导服务，争取平台交易信息延伸到客户端。提高相关工作人员的产权交易操作能力和监管水平，强化平台建设、运行监督管理，加强定期检查和动态监测，促进交易公平，确保平台规范运行。针对土地使用权和房屋产权隐性交易问题，加大政府各部门的联合执法力度，查处不规范私下交易等行为，规范农村产权交易，维护农民权益。

二、加强农村基层干部的培训

一般情况下，以村委会为主体成立集体经济组织。在村委会的主导下，农民以土地承包经营权入股，获得土地出租和股权分红收益的新型集体经济组织，其工作人员由村委会部分成员和农民共同组成。因此要加强对农村基层干部的培训。

首先，为加快农村土地流转，应加强对基层干部的科技知识、经济知识的普及与教育。由过去单纯的文化知识培训向综合素质教育转变，重视理论与实际相结合。培训工作要紧密围绕如何建设新农村、加快土地流转、增加农民收入这个中心，结合当地实际情况调整产业结构，发挥本土资源优势，促进绿色农业、生态农业的发展。要把理论和实际相结合，帮助基层干部掌握实用技术和市场经济知识，引导他们解放思想、总结经验，成为依靠科技致富的带头人。

通过开展相关课程培训，使农村基层干部掌握关于土地流转的相关国家方针政策，熟悉相关法律法规，准确无误地向农民宣传土地流转的程序及注意事项。同时应提高农村基层干部计算机应用能力，掌握相关软件使用方法，熟悉网上查询土地流转信息及发布信息的方法。

同时，还要提高农村基层干部的矛盾纠纷调处能力，做好土地流转工作的宣传与解释工作，用好村规民约，消除农户疑虑，化解各类纠纷，切实把矛盾解决在基层，做到一般纠纷不出村组，较大矛盾不出乡镇，问题在一线发现，困难在一线解决，矛盾在一线化解。

其次，要积极开展关于农业技术的培训，提高基层农业技术推广负责人的技术水平，扩宽其专业知识领域。并利用技术承包，技术参股和组建专业化“农田保姆”服务队等形式使其参与农村土地流转，建立科技示范基地。对于成绩显著的农业技术推广负责人，在评定专业技术职称或安排有关专项资金时予以优先考虑。

三、加强中介机构人员的培训

加强土地交易所及相关中介机构人员的培训，充分利用农村土地交易市场的中介平台发挥作用，利用平台进一步丰富服务的业务内容，不断增多平台的交易品种。相对于普通商品的交易，农村土地的交易更加复杂，尤其是土地使用权的交易，往往会涉及多个交易主体的经济利益。农地大多数交易主体文化程度不高，对相关法律和交易程序了解甚少，导致签订的农地合同履行不完全，还会存在违约情况、责任难以追究的状况。目前农村土地流转的相关制度还不够完善，土地流转过程中存在着各种问题。例如，支持土地流转的地方政府和部门，经常在主持土地流转的交易过程中与农民发生冲突，有些地方，农民、农村集体经济组织以及地方政府和部门之间存在利益分配不均的严重情况。没有严格权威的流转收益分配标准，没有统筹土地流转收益制度、没有土地流转利益的监督机制和监督人，难以解决交易过程中产生各方利益冲突的问题。为解决各方利益的冲突，农村土地交易所及相关中介机构发挥的作用日益凸显。土地流转的中介机构可以弥补专业知识欠缺和两者信息不平等方面的不足，并为土地交易者搭建平台桥梁以辅助和促进土地流转交易的顺利完成。为确保土地流转的顺利进行，交易平台应该增设风险评估、抵押价值评估、法律咨询服务等部门，为土地流转提供全方位的服务项目。为了保证所提供的专业服务符合专业知识的要求，这就要求相关人员取得相应的资格证书，以良好的专业知识提供优质的服务。

由于农村土地的中介服务机构起步较晚，发展速度缓慢，在实施资质审查制度基础上，还应该加强后续教育和培训作用，定期组织中介机构成员进行法律道德教育，督促其遵纪守法，严格按照土地流转规范进行交易，以保障土地流转供求方利益。此外，在税收和信贷方面，各级政府应该给予一定的政策优惠，而对于农业发展相对成熟的地区，探索组成农村土地流转的行业协会，定期交流成功经验，以促进农村土地流转交易机构规范的发展。

第四节　加强制度建设

产权交易涉及多个行政部门以及法律部门，如农业、林业、水利、国土、工商、物价以及民法、物权法、商法、合同法等。保证各个部门的职责分工明确，建设和完善合理的法律制度是必不可少的一环。尽管我国法律制度在不断地创新、发展和完善，但是对于产权交易可能会出现新的问题及挑战，相应的法律条例尚未成熟，目前各个省份都亟须法律来保障产权交易市场操作的规范性。

一、建立健全法律制度

法律法规是土地流转良性运行的保障，强化吉林省土地相关法律制度，建设建立科学的土地流转评估机构，更好更快地实现农村土地承包经营权流转，为保证农村产权交易市场体系的构建及其有效运作，必须建立有科学法理依据的配套法律制度规范，修改、完善当前的土地流转制度，保障农民利益不受损。

1. 完善农村土地流转的市场机制

要科学合理地确定农地使用权的价格制度，以确保农村土地成为商品在交易市场中稳定、长期地交易。为了做到这一点，有一系列的工作需要我们去完成。首先，应当促使土地流转主体享有完整的土地流转价格决定权，也就是流转主体可以根据市场情况自主确定价格。其次，是要建立土地流转价格信息平台，使得土地流转主体各方都能获得全面的价格信息，以减少不公平交易的发生。再次，要建立第三方价格评估机构，为土地流转价格提供有效的定级信息，以促进土地的良性流转。最后，还要进一步规范中介服务组织，通过建立农村土地承包经营权流转信息交易平台，及时为土地供给主体和需求主体建立有效联系，构建包括代理、咨询、评估、仲裁等方面的机构和配套制度，特别是要明确各方的法律责任。围绕农村土地流转进一步完善与农村相关的信托、证券和抵押等方面的工作，以明确契约关系，实现农地真正有偿、高效的流转，增添农村经济发展的活力。

2. 加强政府的监督机制

土地流转中出现的种种问题，许多与政府的管理和监督相关，因此促进农村土地承包经营权流转，有效配置农村土地资源，离不开政府的引导、管理和监督。第一，政府要与立法机关协调，同时加强政府层面的政策法律的完善，进一步完善土地流转的法律和政策，为产权交易市场有序流转提供良好制度环境。第二，政府要对土地流转进行及时有效的监督，政府还要对基层各个相关部门的工作实况进行不定期的督促和检查。对于不符合法律要求的情况、不作为情况进行严格禁止。第三，政府要通过规范化管理。明确土地流转的程序规范，以使土地有序合理地流转。

3. 要健全配套的土地管理法律法规体系，强化立法、执法和仲裁工作，加强监督管理工作

为确保农村产权交易市场体系有效运作，必须根据社会主义市场经济的发展要求，修改、完善有关的土地管理法律法规，对农村土地产权结构、经营方式、流转制度等各种土地关系进行科学合理的规范，为产权交易市场的实施奠定坚实的法律基础。

要对现行法律中关于限制农村土地产权市场化流转，不利于农村土地市场发育的条款进行进一步修改和完善，要规范国家的法律法规，促进产权主体对自己的行为有合理的预期，减少不确定性，进而提高产权交易市场的运作效率。

二、加强惠农制度建设

农村土地流转工作的顺利开展离不开政府对农户的相关保障举措，各级政府加大农民的农业政策扶持及农民权益保障机制的完善尤为重要。第一，加大强农惠农政策的实施。强农惠农的直接受益者是农民，随着国家强农惠一系列政策的实施，其效果明显。第二，农民权益保障机制的完善。我国鼓励农村土地使用权利依法进行流转，这需要制度的跟进和健全，其出发点就是维护广大农民的基本财产权利，不能以所谓发展大局而牺牲农民的合法权益。要做到尊重农民意愿，以自愿为原则流转土地承包经营权，充分遵照自己的意愿、能够获得自己满意的报酬。土地是农民的“命根子”，是农民生活的基础，农民主要依靠土地创造价值，建设美好生活。土地承包经营权的流转，能够更好地为广大农民奔小康服务。

三、加强信息制度建设

2015 年政府工作报告中，李克强总理提出“互联网 +”计划，推动大数据、云计算、移动互联、物联网等新型网络与现代制造业结合，积极促进互联网金融、电子商务、工业互联网的健康发展，并引导互联网企业拓展国际市场。这里的“互联网 +”，简单来说就是将“互联网 + 传统产业”，但是两者不是简单相加，而是相互融合。利用互联网的平台，发挥互联网大数据优势和通信技术，将互联网融入到传统的行业中，创造出新领域模式。因此互联网 + 农业也十分必要，并且具有广阔的应用前景。从当前考察的实际情况来看，我国已经生成初级的土地流转市场，农民感觉该市场没有发挥理想中的作用，因此目前的土地流转方式主要还是通过农户之间自发进行流转，这是大部分农村普遍存在的情况。农地交易市场没有发挥作用主要是由于各地方还没有建立权威的信息网络平台，土地流转中介服务存在滞后性，交易平台信息不对称，甚至有的信息失真。有鉴于此，加快建立系统化的交易平台，必须以各城镇实际情况为基础搭建信息网络和服务平台。

尽快构建统一的吉林省农村产权交易中心信息交流网络体系，以“互联网 +”为依托，搭建农村产权电子商务交易平台。在正式成立农村产权交易所（中心）之前，各地均应首先建立功能复合的信息管理平台，基于互联网实现信息发布、文件审核、项目挂牌、招标竞价等多重功能。建立省、市、县、乡四级资料数据库，打造信息共享的服务平台。加快农村产权交易所信息网络平台建设，积极推进平台网络建设优化升级，大力推进农村产权信息化管理和电子化交易，以适应各类业务发展需要。在开发先进农村产权网络交易系统的基础上，建立电子化、标准化、开放式的电子商务服务平台。具体表现：第一，每宗产权交易标的物的基础信息上传于网络，平台可以提供双向信息。一方面通过平台发布待入市农村产权交易信息，另一方面出租方可以提出申请，农民根据其提供的条件自愿决定是否进行交易，打破以往农民单一向受让方提供信息的模式，促进农村产权交易电子信息化。第二，建立统一完善的省级信息网络系统，实行全省联网的产权登记备案平台和交易信息平台，实现从信息收集、发布、交易再到登记、变更、过户的工作机制一体化服务，提高交易效率，降低交易成本。

参考文献

［1］阿尔钦．产权：一个经典注释．上海：上海三联书店，1994：166.

［2］安徽省农村综合产权交易网 http：//www. ahaee. com/ahnccq/.

［3］本刊记者．财政部　农业部发布 2017 年重点强农惠农政策［J］．预算管理与会计，2017（5）：4－6.

［4］卜红双．中国农村土地承包经营权流转制度研究［D］．辽宁师范大学，2013.

［5］柴新．2017 年 31 项重点强农惠农政策出炉［N］．中国财经报，2017－03－25（1）．

［6］巢向．湖南省农村土地使用权流转研究［D］．湖南大学，2010.

［7］陈驰．新农村建设中土地流转的法律思考［J］．农村经济，2009（8）：31－34.

［8］陈清明，马洪钧，谌思．农村产权交易市场发育现状及绩效评价——基于重庆市土地流转问卷调研［J］．调研世界，2015（5）：32－35.

［9］陈水生．土地流转的政策绩效和影响因素分析——基于东、中、西部三地的比较研究［J］．社会科学，2011（5）：48－56.

［10］陈锡文．论农业供给侧结构性改革［J］．中国农业大学学报（社会科学版），2017，34（2）：5－13.

［11］陈锡文．中国农村改革：回顾与展望［M］．天津：天津人民出版社，1993.

［12］陈悦，刘楝子，严伟涛．重庆农村土地交易所的运行机制及其优化

[J]. 重庆社会科学，2012（2）：105－109.

[13] 陈志波. 越南经济法研究 [M]. 北京：中国社会出版社，2008.

[14] 程欣炜，林乐芬. 农村产权市场化创新机制效应分析——来自全国农村改革试验区东海农村产权交易所的实践模式 [J]. 华东经济管理，2014，28（9）：7－13.

[15] 大卫·李嘉图. 政治经济学及赋税原理 [M]. 北京：商务印书馆，1982.

[16] 戴伟娟. 城市化进程中农村土地流转问题研究——基于制度分析的视角 [D]. 上海社会科学院，2010.

[17] 戴志华. 湖南省娄底市农村土地流转研究 [D]. 湖南农业大学，2010.

[18] 邓泓鸿，宁静，陈国生. 湖南省新型城镇化进程中农村土地流转模式选择及其实现路径研究 [J]. 云南地理环境研究，2015（1）：44－49.

[19] 邓萍，余春林. 论农地流转中地方政府的角色定位 [J]. 科技广场，2013（10）：187－191.

[20] 邓志鹏. 郴州市农村土地流转问题研究 [D]. 湖南农业大学，2013.

[21] 丁关良. 土地承包经营权基本问题研究 [M]. 杭州：浙江大学出版社，2007.

[22] 丁明. 农地流转价格形成机制研究 [D]. 安徽大学，2016.

[23] 丁永祯，余祖运，温拥军，魏艳霞，薛寒. 平顶山市农村土地流转发展林业产业浅论 [J]. 农技服务，2015，32（3）：131.

[24] 董栓成. 论未来中国农地变革的路径选择——基于中日土地变革的比较分析 [J]. 内蒙古社会科学（汉文版），2006（2）：85－89.

[25] 窦敬丽. 我国农村土地产权制度改革与完善研究 [D]. 山东农业大学，2004.

[26] 杜朝晖. 我国农村土地流转制度改革——模式、问题与对策 [J]. 当代经济研究，2010（2）：48－52.

[27] 杜会石，滕泽宇，王华，等. 吉林省白城市生态系统服务价值预测研

究［J］. 浙江农业学报，2014，24（6）：1583－1589.

［28］龚兵. 俄罗斯现代土地权利构成与发展走向［J］. 北方法学，2013，7（2）：131－142.

［29］鼓励发展适度规模经营的优惠政策有哪些？［J］. 中国乡村建设，2009（3）：32.

［30］国务院办公厅关于引导农村产权流转交易市场健康发展的意见［J］. 中华人民共和国国务院公报，2015（4）：24－27.

［31］韩俊. 中国农村土地问题调查. 中国经济论丛·新农村建设专辑.12.

［32］韩一军，姜楠，赵霞，等. 我国农业供给侧结构性改革的内涵、理论架构及实现路径［J］. 新疆师范大学学报（哲学社会科学版），2017（5）：34－40.

［33］何传新. 论完善农村土地制度［J］. 理论探索，2004（5）：56－58.

［34］何娟. 培训对农村基层干部素质的影响［J］. 合作经济与科技，2010（10）：42－43.

［35］何云. 浙江省循环经济发展评价体系研究［D］. 浙江工业大学，2006.

［36］河北省农村产权交易网 http：//www. hbsaee. com/.

［37］黄宝连，黄祖辉，顾益康，等. 产权视角下中国当前农村土地制度创新的路径研究——以成都为例［J］. 经济学家，2012（3）：66－73.

［38］黄宝连. 农地产权流转平台及机制研究［D］. 浙江大学，2012.

［39］黄宝连. 构建以承包权为基础的农村土地产权新形态［J］. 农业部管理干部学院学报，2013（3）：40－44.

［40］黄福华，李允尧，欧阳小迅. 城乡统筹背景下的农业产业安全研究——中国农业技术经济研究会2010年学术研论会会议综述［J］. 农业技术经济，2010（12）：118－122.

［41］黄河. 农业法视野中的土地承包经营权流转法制保障研究［M］. 北京：中国政法大学出版社，2007.

［42］黄伟君，叶欣. 构建农村产权交易流转的大平台［J］. 产权导刊，

2015（7）：45－47.

［43］黄祥芳，陈建成，陈训波．地方政府土地流转补贴政策分析及完善措施［J］．西北农林科技大学学报（社会科学版），2014，14（2）：1－6.

［44］记者李森．成都农村产权交易所将建成省级交易平台［N］．四川日报，2015－06－19（2）．

［45］江苏省农村产权交易信息服务平台，http：//www.jsnc.gov.cn/.

［46］姜宏涛．海南省农村产权交易模式构建研究［D］．天津大学，2012.

［47］姜健，唐青生，袁天昂．云南省农村要素市场交易所构建发展研究［J］．时代金融，2016（32）：88－92.

［48］姜晓伟，李海锦．探究农业供给侧改革之六大举措［J］．中国农业文摘——农业工程，2016，28（5）：27－29.

［49］金鸽，毛羽洁，董雪．马克思信用思想对当前我国信用文化建设的启示［J］．河北青年管理干部学院学报，2013，25（3）：82－84.

［50］金莉，唐震．农村产权交易市场拓路前行［J］．农村经营管理，2013（12）：32.

［51］晋伟．中国特色农村土地流转问题研究［D］．吉林大学，2017.

［52］靳晓蕾．集团公司绩效管理的研究与信息系统实现［D］．机械科学研究总院，2008.

［53］经济学消息报社编．诺贝尔经济学奖得主专访录［M］．北京：中国计划经济出版社，1995：135－136.

［54］孔泾源．中国农村土地制度：变迁过程的实证分析［J］．经济研究，1993（2）：65－72，16.

［55］兰玲，刘忠敏．我国农村土地经营发展方式转变问题研究［A］．中华外国经济学说研究会、北京师范大学．“外国经济学说与当代世界经济”学术研讨会暨中华外国经济学说研究会第20次学术年会论文集［C］．中华外国经济学说研究会、北京师范大学，2012：6.

［56］兰玲．我国农地两权关系演变规律［M］．北京：经济管理出版

社，2016.

［57］兰玲．建国以来我国农业地租研究［J］．生产力研究，2010（12）：134－136，151.

［58］兰玲．我国农村土地经营发展方式转变问题研究［J］．吉林师范大学学报（人文社会科学版），2012，40（1）：84－87.

［59］兰玲，高鑫．现代产权理论研究综述［J］．内蒙古民族大学学报（社会科学版），2012，38（2）：42－46.

［60］冷明智．农村土地流转问题研究——以湖南省益阳市为例［D］．湖南农业大学，2011：18－19.

［61］李宏芸，杨庆媛．解析区域发展之"重庆模式"［J］．宁夏农林科技，2011，52（6）：82－84.

［62］李金安．山东枣庄．让土地"转"起来——全国首家注册土地合作社向农信社抵押贷款成功［J］．中国农村信用合作，2009（1）：20－21.

［63］李军．企业集团项目群资源调配模式研究［D］．上海工程技术大学，2015.

［64］李珂，高晓巍．发达国家农村土地流转的经验及对中国的启示［J］．世界农业，2009（6）：14－16，68.

［65］李克强．政府工作报告——2016 年 3 月 5 日在第十二届全国人民代表大会第四次会议上［EB/OL］．http：//news. xinhuanet. com/fortune/2016－03/05/c_ 128775704. htm.

［66］李刘艳．农地流转国外经验借鉴与启示［J］．甘肃农业，2012（7）：5－8.

［67］李明华．发展农村土地产权交易市场：当前我国农村综合改革的最大红利［J］．探索，2015（1）：114－118.

［68］李启宇．基于城乡统筹的农地承包经营权流转制度创新研究［D］．四川农业大学，2010.

［69］李清，兰玲．农村产权交易市场试点建设综述［J］．现代交际，2016，

16：35 – 36.

［70］李清，兰玲．吉林省农村土地流转障碍因素分析［J］．现代交际，2016（22）：29 – 30.

［71］李清，刘鸣霁．吉林省农村产权交易市场建设现状与对策研究［J］．经济视角，2017（5）：81 – 86.

［72］李芸芸．成都农村产权交易所运行绩效评价研究［D］．四川农业大学，2015.

［73］李长健，梁菊．农村土地流转国内外研究综述与展望［J］．广西社会主义学院学报，2010，21（2）：79 – 83.

［74］李志波，周晓辉．土地流转的合理性及价格探析［J］．大庆社会科学，2009，5：54 – 57.

［75］李竹转．美国农地制度对我国农地制度改革的启示［J］．生产力研究，2003（2）：181 – 182.

［76］廖丕显．广西玉林市农村产权交易的问题分析及解决方案［D］．广西大学，2015.

［77］林南南．农村土地承包经营权流转制度的完善［D］．吉林大学，2014.

［78］林善浪，郭建锋，陶小马，施建刚．优化非农建设用地空间配置——基于地方政府自发改革试验的机制重构［J］．中国软科学，2016（4）：58 – 70.

［79］刘峰．西方产权思想的演进脉络［J］．西南民族大学学报（人文社科版），2007（9）：98 – 104.

［80］刘海茹．AHP – 模糊综合评价法在露天磷矿山企业效能评价中的应用［D］．重庆大学，2014.

［81］刘恒．成都市农村产权交易所运行机制解析［J］．内蒙古农业科技，2011（4）：1 – 2.

［82］刘可．农村产权制度改革：理论思考与对策选择［J］．经济体制改革，2014（4）：196 – 200.

［83］刘莉君．农村土地流转的国内外研究综述［J］．湖南科技大学学报

(社会科学版), 2013, 16 (1): 95 - 99.

[84] 刘尚坤. 钢筋混凝土渡槽结构健康诊断与安全评估研究 [D]. 西北农林科技大学, 2015.

[85] 刘文君. 吉林省农村土地产权的现实困境与制度创新 [D]. 吉林大学, 2016.

[86] 刘晓霞. 甘肃省农村土地承包经营权流转调查报告 [J]. 西部法学评论, 2011 (1): 95 - 100.

[87] 刘洋. 农地流转经济驱动力微观研究 [D]. 西南大学, 2011.

[88] 刘洋, 刘慧君. 农村土地流转主体决策模型分析 [J]. 商场现代化, 2009 (31): 102 - 103.

[89] 罗迈钦, 单再成, 李青阳. 基于规模经营的农地流转问题研究——以湖南省为例 [J]. 林业经济, 2014 (3): 27 - 31.

[90] 刘印生. 发挥龙头企业带动作用 加快陕西农业产业化步伐 [J]. 西北农林科技大学学报 (社会科学版), 2011, 11 (2): 22 - 25.

[91] 刘颖. 农村产权流转交易市场体系建设与配套制度研究——以四川省为例 [J]. 湖北农业科学, 2014, 17: 4239 - 4243.

[92] 刘颖. 农村产权流转交易市场体系建设与配套制度研究——以四川省为例 [J]. 湖北农业科学, 2014, 53 (17): 4239 - 4243.

[93] 刘勇. 甘肃省典型地区农户土地流转行为与意愿研究 [D]. 甘肃农业大学, 2010.

[94] 刘玉堂. 山东省宁阳县农村产权交易平台构建研究 [D]. 山东农业大学, 2015.

[95] 刘运. 湘西地区国有商业银行股份制改革后问题研究 [D]. 湖南大学, 2009.

[96] 娄亚鹏. 新农村建设中的农村土地流转问题研究 [D]. 长江大学, 2013.

[97] 卢栎仁. 阿尔钦——科斯理论的推广者 [J]. 产权导刊, 2009 (11):

72－74.

［98］卢影．浅析如何加快土地流转［J］．农业与技术，2016，36（13）：150，156.

［99］鲁会庆．加快构建新型农业经营体系探究［J］．新西部（理论版），2014（8）：54－55.

［100］陆剑，彭真明．农村产权交易的制度建构——基于成都、武汉农村产权交易所的实证研究［J］．农村经济，2010（9）：12－15.

［101］马克思，恩格斯．马克思恩格斯全集（第1卷）［C］．北京：人民出版社，1979.

［102］马克思．资本论（第1卷）［C］．北京：人民出版社，1975.

［103］马克思．剩余价值理论（第二册）［C］．北京：人民出版社，1975：15.

［104］马克思．资本论（第3卷）［C］．北京：人民出版社，1975：851.

［105］马兰红．山东产权交易中心交易业务创新问题研究［D］．山东大学，2009.

［106］马泽波．农业供给侧结构性改革：多重困境与突破路径［J］．大理学院学报，2016，1（11）：18－23.

［107］米良．越南土地法律制度探析［J］．河北法学，2011，29（9）：160－167.

［108］农业部、财政部发布2017年重点强农惠农政策［J］．农村实用技术，2017（5）：5－7.

［109］欧阳娟．我国农村土地流转的信托模式研究［D］．湖南大学，2010.

［110］潘艳丽．农地流转进程中的农业剩余劳动力转移问题研究［D］．华东师范大学，2011.

［111］彭海红．中国农村集体经济的现状及发展前景［J］．红旗文稿，2010（23）：16－18.

［112］朴世峰．延边地区专业农场发展现状及对策研究［D］．延边大

学，2014.

［113］钱忠好．农村土地承包经营权产权残缺与市场流转困境：理论与政策分析［J］．管理世界，2002（6）：35－45.

［114］秦仕魁．成都：开展农村产权交易大有可为［J］．产权导刊，2008（12）：63－65.

［115］秦雪琼．吉林省农村合作社建设研究［D］．吉林农业大学，2016.

［116］任峰．土地流转的枣庄样本［J］．决策，2008（11）：38－39.

［117］邵彦敏．美日现代农地制度的比较与借鉴［J］．东北亚论坛，2004（4）：80－83.

［118］申燕君．农村土地交易所与农村土地流转研究［J］．东方企业文化，2011（18）：168－169.

［119］省委省政府关于引导农村土地经营权有序流转，发展农业适度规模经营的实施意见［N］．吉林日报，2015－05－07（1）.

［120］市场结构［EB/OL］．http：//baike.so.com/doc/5567165－5782301.html.

［121］宋晓娟，兰玲．我国省级农村产权交易市场建设探究［J］．经济视角，2017（1）：31－37.

［122］孙雷．稳定和完善农村土地承包关系［J］．上海农村经济，2010（6）：4－7.

［123］孙凌云．农地使用权交易制度研究［D］．郑州大学，2004.

［124］孙艳楠．吉林省农村土地流转的地区差异研究［D］．吉林师范大学，2015.

［125］谭丹，黄贤金．区域农村劳动力市场发育对农地流转的影响——以江苏省宝应县为例［J］．中国土地科学，2007，21（6）：64－68.

［126］唐晓灵，白宝焕．我国房地产开发市场集中度研究［J］．商业时代，2012（26）：126－128.

［127］唐忠．农村土地制度比较研究［M］．北京：中国农业科技出版

社，1999.

［128］田富强．土地城市化与农村人口城市化挂钩试析［J］．浙江农业学报，2012，24（3）：523－527.

［129］田欧南．吉林省农村土地流转问题研究［D］．吉林农业大学，2012.

［130］田文生．第三次土地改革——重庆模式破冰［J］．政府法制，2009（2）：12－13.

［131］通化市国土资源局．通化市土地利用总体规划．

［132］王德福．农村产权交易市场的运行困境与完善路径［J］．中州学刊，2015（11）：49－53.

［133］王金娟，王震．农村产权交易市场体系研究综述［J］．经济视角，2017（2）：26－31.

［134］王娟，王志彬．农村土地流转中介组织建设探析［J］．广东农业科学，2012，39（2）：208－210.

［135］王江．农村土地承包经营权流转效率研究［D］．暨南大学，2012.

［136］王楠．改进的石化装置 HAZOP 分析方法研究［D］．燕山大学，2015.

［137］王胜利，刘芳．农村土地流转合同的法律效力问题研究［J］．安徽农业科学，2012，40（2）：1191－1193.

［138］王守智．农村土地流转中的地方政府、农民与中介组织［J］．北京工业大学学报（社会科学版），2010，10（3）：13－19，80.

［139］王雪丽．周口市农村土地流转存在的问题及对策［J］．现代农业科技，2014（8）：339－340.

［140］王亚华，舒全峰，吴佳喆．水权市场研究述评与中国特色水权市场研究展望［J］．中国人口·资源与环境，2017，27（6）：87－100.

［141］王宇．浅析吉林省农村产权制度改革［J］．行政与法，2014（7）：38－40.

［142］王志伟．社会主义市场经济下产权理论 30 年发展的阶段性认识［J］.

经济科学，2008（6）：29－41.

［143］王忠林．我国农村集体土地流转制度研究［D］．中国海洋大学，2011.

［144］吴海峰．推进农业供给侧结构性改革的思考［J］．中州学刊，2016（5）：38－42.

［145］吴群．农村产权交易市场发展若干问题思考［J］．现代经济探讨，2014（10）：41－43.

［146］吴园庭雁．农村土地流转主体博弈及制度选择——以农地转化非农地为例［J］．经济师，2015（10）：78－80.

［147］伍新宁，黄琰．长丰：首建农村“产权集市”［J］．新理财（政府理财），2009（12）：34－35.

［148］向知一．建设全省农村产权流转交易市场体系推动农村产权制度改革——访省农业厅厅长戴贵洲［J］．政策，2015（5）：29－32.

［149］向邦伟．基于多中心治理的贫困山区农村土地流转机制创新研究——以湖南省湘西自治州为表达对象的实证分析［D］．武汉：华中师范大学，2013.

［150］新媒：不能全部当城里人中国农民该何去何从．

［151］邢秀芹，张为华，张大力．白城地区盐碱化土地资源可持续发展的途径及对策［J］．白城师范学院学报，2013，27（5）：63－68.

［152］徐斌林，云霞，唐亚武．我国农业土地制度何去何从——基于美日等国的经验研究［J］．劳动保障世界（理论版），2011（3）：61－63.

［153］徐德华．财政金融支持农村土地流转情况调查：宁波案例［J］．今日财富（金融发展与监管），2011（11）：22.

［154］徐德华．依托财政金融手段　支持农村土地流转［J］．中国财政，2014（22）：64－65.

［155］徐洪才．中国产权交易市场研究．北京：中国金融出版社，2006（3）：10－11.

［156］许飞．基于科技创新的企业绩效评价指标体系构建［D］．山东财经

大学，2013.

［157］许瑞泉．经济新常态下我国农业供给侧结构性改革路径［J］．甘肃社会科学，2016（6）：178－183.

［158］闫东东，付华．龙头企业参与产业扶贫的进化博弈分析［J］．农村经济，2015（2）：82－85.

［159］杨春燕．基于可持续发展的企业绩效评价及应用研究［D］．山东财经大学，2013.

［160］杨继瑞．绝对地租产生原因、来源与价值构成实体的探讨［J］．当代经济研究，2011（2）：1－7.

［161］杨娟．完善我国农村土地法律制度研究［D］．湖南农业大学，2011.

［162］杨龙波．从阿曼·阿尔奇安《产权经济学》看私有产权与公有产权的问题［J］．理论经纬，2010（00）：298－302.

［163］杨晓莉．我国实施强农惠农富农政策的意义与建议［J］．现代农业科技，2014（19）：323，325.

［164］叶祥松．西方经济学的产权理论［J］．当代亚太，2001（7）：50－56.

［165］叶兴庆，张云华，伍振军，国务院发展研究中心农村经济研究部．农村产权流转交易市场有待健康发展［N］．中国经济时报，2014－12－16（5）．

［166］叶兴庆，张云华，伍振军．农村产权流转交易市场：现状与问题［J］．中国农村金融，2015（2）．

［167］叶兴庆．从“两权分离”到“三权分离”——我国农地产权制度的过去与未来［J］．中国党政干部论坛，2014（6）：6－12.

［168］叶雪，沈佳．吉林争当现代农业建设排头兵［N］．农民日报，2015－12－24（5）．

［169］余葵．有的放矢强化“三资”管理——全国农村集体“三资”管理现状调查［J］．农村经营管理，2012（4）：20－22.

［170］张炳明，贾梅．安徽省农业信息服务体系研究［J］．农业网络信息，

2012 (4): 104 - 107.

[171] 张彩玢. 农业生产的高成本及对策研究 [D]. 山西农业大学, 2015.

[172] 张海峰, 齐巍巍. "日韩台模式" 农地流转的内在逻辑及启示 [J]. 农村金融研究, 2010 (12): 52 - 54.

[173] 张晗. 中国民族地区农村土地流转现状及发展趋势研究 [D]. 吉林大学, 2015.

[174] 张晗. 关于民族地区农村土地流转的路径选择——基于对吉林省延边地区的考察 [J]. 延边大学学报 (社会科学版), 2015, 48 (4): 58 - 63.

[175] 张红玉. 农村土地流转问题研究——以麻阳苗族自治县为例 [D]. 长沙: 湖南农业大学, 2013: 21 - 22.

[176] 张红宇. 中国农村的土地制度变迁 [M]. 北京: 中国农业出版社, 2002.

[177] 张军. 农村产权制度改革与农民财产性收入增长 [J]. 农村经济, 2014 (11): 3 - 6.

[178] 张力. 政务网站搜索引擎优化研究 [J]. 西南民族大学学报 (自然科学版), 2011, 37 (2): 326 - 330.

[179] 张瑞恒, 王怡彤, 赵颖, 黄小恬. 天津、成都农村产权交易发展的比较与建议 [J]. 环渤海经济瞭望, 2015 (5): 18 - 21.

[180] 张韦唯, 张绍良, 侯湖平, 等. 农地流转驱动力系统分析 [J]. 农村经济, 2010 (8): 25 - 29.

[181] 张五常. 经济学方法论 [J]. 社会科学战线, 2002 (4): 34 - 40.

[182] 张献, 郭庆海. 吉林省农村土地流转差异性研究 [J]. 长白学刊, 2012 (163): 101 - 106.

[183] 张岩. 秦皇岛市农村城镇化发展模式研究 [J]. 产业与科技论坛, 2011, 10 (22): 36 - 37.

[184] 张莹. 基于公司治理视角的企业绩效评价研究 [D]. 华东师范大

学，2012.

［185］张玉霞．对高台县农村产权交易市场体系建设的调查与思考［J］．农业科技与信息，2016（35）：26－27.

［186］章合运，张松．农村产权交易视野下的宅基地使用权流转制度构建［J］．农村经济，2009（10）：13－16.

［187］章合运．农村宅基地使用权流转的法律问题研究［D］．四川省社会科学院，2009.

［188］长春农村产权交易中心［EB/OL］．http：//www. cnjzx. com/state/nc-cq/index. jsp.

［189］赵国玲．新时期中国资产评估业发展机遇分析——基于农村产权市场发展［J］．财会通讯，2012（36）：135－137.

［190］赵佩．湖南省农业适度规模化经营问题探析［J］．农村经济与科技，2015（11）：33－35.

［191］赵涛．中外土地产权政策比较分析［J］．国际经济合作，2011（4）：85－87.

［192］赵维清．日本农地流转状况分析及启示［J］．农业经济问题，2010（10）：106－109.

［193］黄祖辉，张蔚文．越南的土地制度与政策［N］．社会科学报，2007－12－06（7）.

［194］汪枚．革新后的越南土地制度［N］．中国国土资源报，2008－07－23（8）.

［195］中共石家庄市委党校课题组，吴家强．河北省农村土地流转创新研究［J］．中小企业管理与科技（中旬刊），2011（12）：79－83.

［196］中共中央关于全面深化改革若干重大问题的决定（2013 年 11 月 12 日中国共产党第十八届中央委员会第三次全体会议通过）［J］．求是，2013（22）：3－18.

［197］中国农业银行湖北省分行课题组，朱正罡，黄利荣．中国农村产权交

易所运作模式比较研究——基于农村产权抵押融资的视角［J］. 农村金融研究，2014（6）：23－28.

［198］中国土地政策综合改革课题组，李剑阁，蒋省三，韩俊. 强化中国城乡土地权利：整体性法律框架与政策设计［J］. 改革，2008（3）：5－18.

［199］周菁. 成都市温江区农村集体土地流转绩效评价［D］. 四川农业大学，2015.

［200］周洁. 中国农业供给侧结构性改革研究［D］. 云南农业大学，2017.

［201］周锡饮，师华定，王秀茹，等. 蒙古高原近 65 年来土地利用变化时空特征与动因分析［J］. 浙江农业学报，2014，24（6）：1102－1110.

［202］朱戈. 发展产权交易市场与我国多层次资本市场的构建［D］. 对外经济贸易大学，2003.

［203］朱新方，贾开芳. 对日本、韩国、俄罗斯农用土地制度改革的点评与思考［J］. 调研世界，2005（1）：34－36，39.

［204］朱燕. 我国农村产权交易机构业务发展探析［J］. 产权导刊，2012（3）：54－58.

［205］左臣明. 关于深化农村产权制度改革的研究与思考［J］. 当代农村财经，2016（9）：30－37.

［206］左良平. 土地承包经营权流转法律问题研究［M］. 长沙：中南大学出版社，2007：67－74.

［207］2017 年强农惠农政策有哪些——财政部　农业部发布 2017 年重点强农惠农政策［J］. 中国合作经济，2017（4）：50－53.

［208］2017 年重点强农惠农政策发布［J］. 黑龙江粮食，2017（3）：19－21.

［209］Alchain A.，Demsetz H. Production，Information Costs and Economic Organization［J］. American Economic Review，1972，62（6）：777－795.

［210］Bogaerts T. W. The role of land administration in the aeeession of Central－

European countries to.

[211] European Union [J]. Land Policy, 2002, 19 (1) .

[212] Feder G., Feeney D. The Theory of Land Tenure and Property Right [J]. World Bank Economics, 1993 (5): 135 – 153.

[213] Giuseppina Siciliano. Urbanization strategies, Rural development and land use changes in China: A multiple – level integrated assessment [J]. Land Use Policy, Volume 29, Issue 1, January 2012, Pages 165 – 178.

[214] Gorton M. Agricultural Land Reform in Moldova [J]. Land Use Policy, 2001 (18): 269 – 279.

[215] Joshua M. D., Eleonora M., Anna B., et al. Price repression in the Slovak agricultural land market [J]. Land Use Policy, 2004 (21): 59 – 69.

[216] L. Fisher. Elmentary principles of economics. New York: Macmillan, 1923: 2.

[217] Long H. L., Zou J., Liu Y. S. Differentiation of rural development driven by industrialization and urbanization in eastern coastal China [J]. Habitat International, 2009, 33 (4): 454 – 462.

[218] Macmillan D. C. An economic case for land reform [J]. Land Use Policy, 2000 (17): 49 – 57.

[219] Niroula G. S., Thapa G. B. Impacts of land fragmentation on input use crop yield and production efficiency in the mountains of Nepal [J]. Land Degradation and SDevelopment, 2007, 18 (3): 237 – 248.

[220] Ronald H. C. The Problem of Social Coast [J]. Law and Econ, 1960, 3 (10): 1 – 44.

[221] Stephen K. Wegren. Why rural Russians participate in the land market: Socio – economic factors [J]. Post Communist Economies, 2003, 15 (4): 483 – 501.

[222] http: //finance. sina. com. cn/roll/20050110/110454243t. shtml.

[223] http://gb.cri.cn/42071/2015/01/28/6651s4856912.htm.

[224] http://www.chinanews.com/df/2011/11-23/3480603.shtml.

[225] http://www.thgt.gov.cn/Column/News/Show.asp?Channel ID = &Class ID = &id = 1284.